活在大漢

祈莫昕——著

推薦序

穿越到大漢，體驗世井風情遊方趣

提及「漢朝」，會聯想到什麼關鍵字？大腦依稀浮現國、高中課本的模糊記憶：漢高祖劉邦、漢武帝、文景之治，喜歡稗官野史的朋友可能會憶及善妒的呂后與被做成人彘的戚夫人悽悽慘慘戚戚。教科書上的知識離我們很遙遠，結束學生生涯，再也沾不上一點邊，曾經死記硬背事件、年表，一問三不知，早早還給老師。

老師諄諄教誨讀史應以史為鑑，考盛衰、知興替，然而多數人只為了考試，歷史有趣之處消磨於日復一日。《活在大漢》讓沉睡的死板板歷史躍然而出，以輕快流暢的文字帶領讀者駕時空機穿越回大漢，用現代價值觀瞧瞧漢朝有多「潮」？在沒有冷氣、網路與手機的古代，如何讓生活動起來。

穿越守則第一條切記，就算你的夜晚比白天還美麗，夜貓子請好好待在家裡，大漢有宵禁，晚間七點便無法通行，孫叔叔充滿磁性的嗓音提醒：「夜深了，趕快回家吧！」流連街頭夜不眠，官府衙役會親自在牢房留盞燈給你，不妨以此為藉口留宿美男子霍光住所，逮著機會生米煮成熟飯，順便請他哥哥霍去病簽名。

次者莫忘漢代禮節繁瑣，謀生求職不可小覷來而不往非禮，拜訪親友記得拎隻風乾野雞，菜過五味方能言事，陳設便餐得右手放羹湯、左手擺乾菜、燒烤置遠，醬料佐近，諸事與禮教文化脫不了關係，處處講究和諧統一，吃飯吃到胃潰瘍，下次乾脆自個兒關廁所吃便當才輕鬆愜意。

在漢代謀什麼出路CP值高，作者一併細說分明，誤以為錢多事少離家近想考公務員大錯特錯不要去，不懂詭譎多變政治遊戲規則，休想魚躍龍門，連鹹魚翻身也難。瞧瞧飛將軍李廣建功不易封侯難，小小史官司馬遷御前獲罪遭宮刑，外交使節蘇武牧羊北海邊羈留十九年。尤其漢武帝在位間，宰相是高風險職業，七人被罷免、五人上黃泉，僅一人得善終，那光明燈不知點了幾百遍。

看了書別嚇到倒退三百步掉進井裡面，漢代宮廷流行香薰，妃嬪姬妾視珍奇香料為獲得萬千寵愛的寶貝，王公貴族追求藥效，希冀返老還童，長生不老，調香師靠一手絕活，盆缽滿盈賺個飽；漢樂府發揚光大，宮廷娛樂不能少，人人皆迷金曲K歌這小愛好，通曉音律展現才能變漢朝周杰倫，亦或擔任樂工收集樂曲任君選；再不然加入方士集團，鑽研修仙煉丹、召神劾鬼，把皇帝唬得一愣一愣，然謹記歷史發展，伴君如伴虎，巫蠱之禍前記得收拾包袱趕快逃。

本書自社會常識、政治制度、科技文化、娛樂生活、時尚潮流等面向切入，角度新奇、觀點全面，活靈活現呈現漢朝的舊故事、新面貌，融深度學識於幽默談笑，大幅提高可讀性及趣味性，輕鬆讀史不可少，讀後漢代風情於腦中自然展現，有如3D立體畫面，無須懸梁刺骨也能記牢。

暢銷書人氣作家　螺螄拜恩

前言

歡迎穿越時空隧道，來到富麗、有趣的大漢王朝。

這是一個神奇的王朝，人們都愛穿開襠褲，大家沒事都愛跪著；這是一個刺激的王朝，仕途之路充滿了各種兇險，外戚宦官也包藏不少禍心；這更是一個充滿新奇的王朝，異域來的美食、美人，刺激的蹴鞠、鬥雞，甚至還有令人臉紅的紅燈一條街，讓人心跳的宮廷K歌房……。

這樣的王朝充滿了誘惑，可要想在這樣的王朝搞點事情，可不是一件容易的事。首先你得懂規矩，跟人說話時別口沒遮攔，「漢範兒」官方語言得小心說。跟人打交道，也得謹遵謙遜的禮儀規範，別見了好吃的就生撲。進了官場，那規矩就更多了，漢朝公務員的工作一點都不輕鬆，不管是在祕書處裡寫會議紀要，還是在軍隊裡建功立業，都得謹慎小心，否則就有各種「奇葩」大刑等著伺候你。

其次要有文化，大漢的開放程度遠超你想像，長安是真正意義上的國際大都會，堪稱「宇宙中心」。你得懂點外語才能和絲綢之路上來朝覲的客商交流，還得具備一定的物理學知識，才能和當時的科學權威漢代「賈伯斯」們聊幾句。兵器、瓷器，有許多新興的技術冒出來，你多少要懂點兒。出門去樓蘭、精絕這樣的古國度個假，也得瞭解一下這幾個旅遊勝地的歷史人文，說不出個三六九還真容易被人看不起。

若想讓你的大漢生活活色生香，還得有品位。大漢人民可是不折不扣的玩樂高手，樂舞百戲、蹴鞠鬥雞，不管是文藝的還是運動的，各種新奇玩意兒能讓人嗨上三天三夜。如果想要站在潮流前端，愁眉、啼妝、墮馬髻、遮陽帽、留仙裙，這些時尚玩意兒可不能落伍。就算出去吃個飯，也得會吃生魚片，能喝鮮豆漿，這才算是會享受生活。如果能穿上胡人服飾來點燒烤，那可就能晉升「網紅」了，「迷弟」「迷妹」們自然不會少。

泱泱大漢，就是這麼潮！來到這裡，可以享受不一樣的穿越體驗，你會一邊驚歎他們的智慧，一邊為有趣的生活歡呼，就算沒有Wi-Fi，也一定會愛上這裡的生活。

來吧，一起穿越啊！去我大漢朝！

目錄

第二章 別糗在不懂政治上

第三章 科技文化改變生活

第四章 對外交往不容易

第五章 花樣繁多的娛樂生活

第六章　那些年，大家一起追過的潮流

第七章　婚姻圍城裡的那些奇趣事兒

第一章

初來乍到，一定會用上的社會常識

從隨意放縱的現代文明來到韻味悠長的大漢地界，
在演繹英雄美人的故事之前，
首先你得懂規矩。
衣、食、住、行，舉止言談，
都得按照「漢範兒」來。
穿著開襠褲，走路緊靠邊，住店會打尖兒，
這都是大漢國民必須要具備的基本素質。

一 這裡人都穿開襠褲，你能入鄉隨俗嗎？

——漢服別穿錯

五十六個民族，五十六朵花。小時候每當看著少數民族的人們穿著他們的特色服裝走來時，我就既難過又羨慕，總遺憾自己不是少數民族，沒有鮮豔的民族服裝。直到有一天，我認識了漢服，看著那大大的袖口、飄逸的腰帶，就想讓人翩翩起舞，終於感到我們漢族的服裝毫不遜色於那些色彩豔麗的少數民族服飾。

我們現在穿衣服，伸個腿，抬個手，套個頭，誰不會呀？可是穿漢服還真別想得太簡單。你別不信，我們先來看看漢服的結構，再說簡不簡單。

交領右衽，別穿錯了

現在的衣服，衣領相對來說是很簡單的，不過是圍著脖子繞一圈，變化不大，區別也就是有個圓領、雞心領，至多給你整個一字領。但漢服的衣領可不一般，光聽名字「交領」，就知道和今天的衣領不一樣。

到底什麼是交領呢？請仔細看我給你比畫：左側的衣襟與右側的衣襟交叉於胸前的時候，形成的領口，在外觀上呈現「y」字形，形成整體服裝向右傾斜的效果，這就叫作交領。需特別注意的是，左側衣襟和右側衣襟交叉時，一定要讓右襟掩覆於內，稱「右衽」，這就是漢服在歷代變革款式上一直保持不變的「交領右衽」傳統。

你肯定會好奇，為什麼一定要「右衽」而不能「左衽」呢？這是因為中國歷來都「以右為尊」。所以，要是把漢服穿成「左衽」，那就不光是不好看了，簡直就是不尊！你自己不尊重自己，讓人看著也覺得有失莊重。

有點複雜？那麼多講究？還真沒辦法，誰讓你來到了一個講究的時代。要是不願入鄉隨俗，以後的麻煩可還多著呢！你不信，接著往下看，光這衣領還沒有嘮叨完呢！

除了交領，衣服的領子還有「直領」和「盤領」，作為交領的補充。直領最簡單，就是領子從胸前直接平行垂直下來，不在胸前交叉，有的在胸部有繫帶，有的就直接敞開。這種直領的衣服，一般穿在交領漢服外面，在罩衫、半臂、褙子等日常外衣款式中會經常用到。盤領在男裝中比較多見，領形為盤子狀的圓形，但也是「右衽」的，在右側肩部有繫帶，這種盤領大部分用在漢唐官服中。

褒衣廣袖，天圓地方

見識了衣領，該往下看看，與這些講究的衣領相稱的衣裳是什麼。不知道你對於西方女人的胸甲和裙撐是不是有印象？沒錯，就是那看起來胸大腰細，穿著特別有味道，但實際能把人勒得喘不過氣來的西方經典裝束。你是不是還曾經為此感慨過呢？和這種風格的禮服相比，漢代的禮服真可謂大有不同。

漢服的袖子又稱「袂」，袖寬且長是漢服中禮服袖形的一個顯著特點，這個造型在整個世界民族服裝史中都是比較獨特的。可以說，當時要是有個世界時裝展，那漢服僅僅憑著袖子就能走在時尚界的前端。

我們都知道中華文化博大精深，這麼一個大袖口，絕對不只是走時尚路線那麼簡單。漢服的袖子，也就是「袂」，其實都是圓袂，代表天圓地方中的「天圓」。但並非所有漢服都是這樣，只有漢服的禮服是寬袖，顯示出雍容大度、典雅、莊重、飄逸靈動的風采。

漢服的小袖、短袖也比較多見。主要有這幾種：參與日常體力勞動的庶民服裝、軍士將領的戎服、取其緊袖保暖的冬季服裝等。

簡而言之，大袖口的禮服是少數，畢竟大多數人不過是普通老百姓，要進行日常生產，要揮舞胳膊去勞動，穿這麼一件正式的廣袖衣服，如果扛鋤頭的時候掛住了鋤頭把，舞鐮刀的時候連衣袖一起割開了，這哪裡是幹活呀，簡直是找麻煩。因此，高大上的廣袖衣服通常用於極正式的禮儀場合或極休閒的家居場合，這個極休閒的家居場合請參考各大皇室。

漢服中還有一個不起眼的部件叫作「隱扣」，其實也沒完全「隱」，包括有扣和無扣兩種情況。大部分情況下是不用扣子的，都是用帶子打個結來繫住。即使有非用不可的扣子，也是把扣子隱藏起來，不顯露在外面。這個部件的存在，主要保證衣服能夠穿得穩，不管細節部分要加多少配飾，或者外面還要套怎樣好看的「外衣」，首先都得將身上這件衣服穿穩，穿平整。

可是，不管是帶子束縛，或者隱藏扣子，看上去都太普通了，因此在漢服的腰間還有高端、大氣、上檔次的大帶和長帶。所有帶子都是用製作衣服時的布料做成，絕對配套，環保且別出心裁，那叫一個洋氣啊！

一件衣服的帶子有兩種，第一種實用性比較強，穿起來也複雜點，左側腋下的一根帶子與右衣襟的帶子是一對打結相繫，右側腋下的帶子與左衣襟的帶子是一對相繫，將兩對帶子分別打結繫住完成穿衣過程。不知道你看明白沒？

另外一種是腰間的大帶和長帶，它不僅實用，而且有裝飾性，最重要的是它象徵著權力。這個好理解，你就看誰的腰帶粗唄。接下來再配個腰飾，主要有佩觿、佩玉、佩印、佩綬、佩魚、佩牌、佩飾等，這個配飾盡顯低調、奢華、有內涵！

款式繁多且複雜的漢服

折騰了半天，衣服是差不多了，褲子還沒穿呢。穿褲子前，還是得先把衣服分分類。

漢服的款式繁多複雜，且有禮服、常服、特種服飾之分，按照整體結構分成三大種類。

第一種是「上衣下裳」的連裳制，上下連裳制最典型的就是深衣。

為什麼？不為什麼，就因為它上下相連，「被體深邃」，稱之為深衣。包括直裾深衣、曲裾深衣、袍、直裰、褙子、長衫等，屬於長衣類。也就是類似今天的大衣、風衣那種風格。

上衣下裳的典型是深衣。深衣的典型是上衣和下裳分開裁剪，在腰部相連，形成整體；上下連裳，在裁剪上就是分別裁好上衣和下裙，然後再縫綴在一起，最後衣服還是一體的樣式，大概就像今天的套裝。衣服縫成一體是為了方便，上下分裁是有文化內涵的，是為了遵循古制傳統。深衣適用範圍那叫一個廣，不僅男女皆宜，可在日常生活中穿，是一種非常實用的服飾，同時還可被用作禮服。當然，它也是君主百官燕居時的服裝。燕居指非正式場合。既然是在非正式場合，那最適合穿的就是休閒服。這個深衣很了不起，普及率很高，流傳三千多年，從先秦到明代末年，形成了一個聽起來就很高端的服制——深衣制。

第二種是「上衣下裳」分開的「深衣」制，分為上身穿的和下身穿的衣物。這個深衣要比前面那個複雜，而且高檔，包括冕服、玄端等，是君主百官參加祭祀等隆重儀式的正式禮服。並規定「衣正色，裳間色」，也就是說，上衣顏色端正而且純一，下裳則色彩相交錯。這種顏色的嚴格要求可不是隨便規定的，這種顏色搭配好比是「天玄地黃」，因為天是輕清之氣上升而成，所以用純色；地是重濁之氣下降而成，所以用間色。這穿的不僅是衣服，更是智慧啊！

第三種為「襦裙」制，主要有齊胸襦裙、齊腰襦裙、對襟襦裙等，實質上也屬於上衣下裳制，只是這種衣服沒有太多的禮儀規定，也就是一般的常服。既然是「裙」，那肯定是女性服裝，加上當時女子的髮型，更是特色盡顯。對了，說到髮型，漢代女子的髮型一般都是綰髻，從頭頂中央把頭髮分開成兩股，再將兩股頭髮編成一束，由下朝上反搭上去，挽成各種式樣，有側在一邊的墮馬髻、倭墮髻，有盤髻如旋螺的，還有瑤台髻、垂雲髻、盤桓髻、百合髻、分髾髻、同心髻等。一般老百姓的髮髻上不加包飾，而皇后就首飾繁多了，比如金步搖、笄、珈等。綜上所述，「三面梳頭，兩截穿衣」是典型的傳統漢族女子的服飾特點。

行，分類大概完了，接下來，咱開始穿褲子吧。

開襠褲，你敢穿嗎？

據說漢朝的褲子都是開襠褲。別慌，先聽我說完，那個開襠褲和今天奶娃娃穿的可不一樣。如果用現代嬰兒的開襠褲式樣去理解古代開襠褲就不對了。古代的開襠褲用於保暖，也就是說開襠褲不會讓你「走光」，開襠褲裡面還會穿著有襠的褲子！「開襠褲」其實是我們的說法，古人把它叫作「袴」，不知道你覺得怎麼樣，反正我是覺得不太好聽。

好在後來改名了，稱「套褲」，裡面有襠的褲子叫作「褌」，套褲穿著的時候褲腰會形成很大的交疊，加上裡面的褲子和衣擺的遮擋，不僅不露，而且還擋得很嚴實。

在過去，還有相當一部分人認為套褲是農耕民族的專屬，甚至還以此嘲笑農耕民族缺乏創造力。在今天看來，這種嘲笑是對歷史的不甚了解。我們翻看歷史資料可以發現，遊牧民族和農耕民族一樣會穿套褲，而且還非常普遍。例如匈奴人、粟特人、突厥人、女真人、契丹人、蒙古人、滿洲人等全都穿過套褲。所以說套褲並不專屬於某個民族或族群，只是和氣候有關，比如北方寒冷地區穿套褲的概率要遠遠高於相對溫暖的南方，這個就太好理解了，就像今天的秋褲，天氣冷的地方穿秋褲的概率必然是要高於天氣熱的地方。

現在，開襠褲，你敢穿了嗎？

長知識——衣飾鞋帽均有講究

漢服的紋飾上喜歡採用帶有吉祥寓意的圖紋，如「六合同春」、「五穀豐登」、「錦上添花」等圖案。同時，依據不同場合，也會選擇不同的紋飾。如新婚婚服和戀人互贈的信物上，往往採用鴛鴦為主的圖樣，如「鴛鴦同心」、「鴛鴦戲水」等；壽誕則往往採用「松鶴長壽」、「鶴獻蟠桃」、「龜鶴齊齡」等意味長壽的圖案。至東漢明帝，參照三代和秦的服飾制度，確立了以冠帽為區分等級主要標誌的漢代冠服制度。服飾在整體上呈現凝重、典雅的風格。秦漢時期的男子，主要穿著的是一種寬衣大袖的袍服，分為曲裾袍和直裾袍兩類，除了祭祀和朝會以外，其他場合均可穿著。漢代女子一般都將頭髮向後梳掠，綰成一個髻。髻式名目繁多，不可勝舉。此外，貴族女子頭上還插步搖、花釵作裝飾。漢代對鞋也有嚴格的等級規定。

二 天黑了，趕緊找個旅館投宿吧！

——宵禁禁了夜生活

在大漢朝玩得挺高興，興致高漲時是不是想多玩會兒？心裡想著喝點小酒，聽聽小曲，看看夜景之類的，怕不盡興就玩上一通宵，大不了白天再回去補覺。得了，先別想那麼美好，這是大漢朝啊！哪能容你通宵玩，天黑了還不回去，在大街上溜達，就叫違反宵禁令。你可別不當回事，違反宵禁令的人輕則拘禁，重則就地正法。所以在大漢朝，還是要早點回去歇著，別沒事兒總想著玩通宵。

◉宵禁令從何而來

翻翻歷史書，不難發現從商周時期就有了宵禁令，而且一直延續到隋唐。生活在那個時代，如果想約一兩個閨蜜、損友，找個有情調的飯館吃個晚飯、喝點小酒、聊聊天，再借著酒勁吼兩嗓子，來個對酒當歌，人生豪邁，那你就省省吧。飯店在天黑之前必須關門，根本吃不上。要想在外面吃一回飯也不是不行，你得等，等到什麼時候呢？就是上元節，也就是元宵節，這個時候就能在外面玩一晚上了，不過不是到處都能去的，這個元宵節解除宵禁令一晚的特權僅限於京城。

不過也別急，到了晚唐時期就舒服多了，宵禁令也鬆弛了許多，管得沒那麼嚴。以前飯店關門早，吃不著晚飯，到晚唐時期，不僅能吃晚飯，還能逛夜市，想想跟我們現在晚上散步逛地攤差不多，應該挺熱鬧。要是逛餓了，還可以進飯店接著胡吃海喝，因為飯店很晚才關門，甚至飯店老闆一高興，一晚上不關門也是可以的。

如果覺得到晚唐的時候就已經很不錯了，那我告訴你，先別這麼早下定論，再過個百八十年，到五代及宋朝時期，那簡直爽翻天了，宵禁令幾乎已經廢除，夜市空前繁榮，北宋時期的開封都快成不夜城了。

但是，有高峰就有低谷，到元明清三代，宵禁令捲土重來，而且來勢兇猛，尤其是明清時期，不僅會關城門，而且在大街交叉路口都要攔起柵欄，柵欄門口有關卡，設有「卡房」，類似於現代崗亭，都由官府的衙役看守著。柵欄晝開夜閉。不過按照規定，晚飯還是能在外面吃，只是得早點回去，聽曲兒、唱歌什麼的就免了吧。

規定嚴格誰敢不遵？

在這個有宵禁令的朝代，天一黑就趕緊回家吧，別在外邊兒磨蹭。如果抱著僥倖心理，想著晚兩分鐘回去沒關係，這可千萬使不得，這不像回你家社區，回去晚了還可以叫保全開門，要是在大漢朝晚回去了，在路上被人抓著了可沒那麼簡單，那是犯罪，罪名稱「犯夜」。真有這罪名，不信你看《漢書．李廣傳》，其中記載有一次李廣帶著一個隨從騎馬外出，和人在郊外飲酒。回到霸陵亭的時候，恰好霸陵尉喝醉了，大聲斥責李廣，李廣的隨從回答說：「這位是過去的李將軍。」霸陵尉回答道：「就是現在的將軍也不許晚上出來，何況是過去的將軍。」讓李廣直接待在了霸陵亭下。透過這個故事，可以看出漢代宵禁是很嚴苛的。

所以說別小看宵禁令，在那個年代它可是被寫進法律的。法律把宵禁令稱為「夜禁」，並對其做出了詳細的規定：一更三點暮鼓一敲，禁止出行；想出去就要等到五更三點晨鐘響了才行。要是二、三、四更還在街上逛的，笞打四十下，要是在京城街上逛的，就要打五十下。我們來算一下，古代的一更就是現在的晚上七點到九點（戌時），九點到十一點為二更（亥時），夜裡十一點到一點為三更（子時），淩晨一點到三點為四更（丑時），淩晨三點到五點為五更（寅時）。也就是說，晚上七點多就不能出去了，何況晚上九點以後還在逛大街，那是會受到懲罰的。當然百姓要有個什麼十萬火急的事還是可以破例的，比如疾病、生育、死喪就可以在宵禁時通行。

晚上有這麼嚴的制度管著，那逛逛夜市總可以吧？夜市不是東西便宜，還有很多小吃嗎？這個也不違法，怎麼就不行呢？

實在不好意思，在漢朝，還沒有「夜市」這回事！因為從更早的時候起就一直有宵禁制度了，國家或者地方都有嚴格的規定，天黑了沒事兒就洗洗睡吧，要是出門閑逛，很可能被冠以「非奸即盜」，一旦被抓就是各種懲罰。你想想，誰敢約上一幫人在街上擺夜市攤子呢？因此，要是隨便逮著個路人問「長安城最熱鬧的夜市在哪裡」，人家肯定會一頭霧水，覺得你不知所云，因為這個詞是那麼的陌生！

好吧，咱不逛夜市，可是這青樓講究燈紅酒綠，總不能大白天開門做生意呀，可晚上又要宵禁，這生意怎麼做下去？

你還真是替古人操心。漢朝施行的是「官妓」，那些退休的老鴇想要張羅一堆姑娘掙點男人的錢是很困難的，至少辦不到營業執照，當然也不敢光明正大做生意。

「上有政策，下有對策」，只要有人敢偷偷摸摸經營，就一定有人敢鋌而走險地去光顧，這就不是咱們能夠操心的了。

從大方向來看，七點就不能出門，確實有點不好玩。所以肯定不會每個人都遵守規定。既然規定只是說夜晚不能在街上逛，那就在自己家玩，只要不出門就行。在古代，比較有生活情趣的人，就常常邀請朋友到家裡飲酒玩樂，玩晚了就留宿，一夜不出門就可以了。那些逛妓院、泡酒館的人，就在宵禁規定的時間之前趕到，直接夜不歸宿，第二天再回家。

在有宵禁的時代，若想賞賞夜景，只有在一些節日裡才行。比如明成祖時，每逢元宵節，北京城內張燈結綵，燈市販售各種花燈，還有婦女群遊祈免災咎的習俗。也就是說，只有在這樣特殊的日子裡，才可以明目張膽地當一回「夜遊神」。

宵禁令也有一些好處

實施宵禁，官府也沒閑著。每個駐有官府的地方一到晚上，就得嚴嚴實實地封鎖城門，禁止出入。城門的鑰匙必須交到官府內衙。到了清代就更嚴了，城門鑰匙官府都沒資格管，得交給地方駐軍長官。即使是城裡的最高級文官，晚上有緊急公務要出城，也要向駐軍長官申請領鑰匙。

其實這樣嚴格的宵禁令對於老百姓生活來說也沒什麼妨礙，只是對於有些需要夜黑風高才能行動的人來說，就是個挺大的問題。比如歌伎舞女夜間演出，回家時就會比較麻煩，除非她們的服務對象是執金吾（掌管京城治安之官），那就萬事大吉。否則，想這麼悄悄地走回去門兒都沒有。一旦抓著了就有可能被懲罰，保管再也不敢犯第二次。

接下來說說會被宵禁令「妨礙」的行為。最典型的是賭博，那可是歷代法律嚴令禁止的，但是依舊屢禁不止。賭徒為避人耳目，在有宵禁令的年代都要冒著危險在晚上聚賭。常常賭得天昏地暗，直到夜深人靜時，輸光了的賭徒才想起來回家。可是大半夜的城裡的道路都已封禁，不准通行。賭徒們就會繞道走一些比較荒蕪人煙的路，甚至過一兩個臭水塘子。即便是這樣仍會被巡夜的更夫或是巡邏的長官攔下盤問，賭徒支支吾吾、面露難色，便難免會露餡兒。

賭博一直都不是什麼好事，不少賭徒也不是什麼大好人，這些賭徒害人害己的故事，在當時的書裡就已經揭露了不少，更有一些精彩的篇目記載了賭徒逃避宵禁的各種辦法。那些有權有勢的賭徒就利用權勢逃避宵禁。比如明代時期一個父親是布政使（相當於當地行政長官）的賭徒，就大大咧咧地說：「夜深了，打上我這盞布政司燈籠，柵欄上也沒人敢攔；鎖了柵欄，他們也不敢不開。」這傢伙一聽就是個「坑爹貨」。

先不管他是不是「坑爹」，總之很多有權有勢的人是不把宵禁放眼裡的。比如漢代著名的遊俠郭解，宵禁對於他這樣的人來說簡直可以視如無物，毫無約束。《漢書・遊俠傳》裡有兩個關於郭解的小故事，都是與夜間活動有關的。一個是講洛陽有兩個人之間有仇，洛陽城裡的賢士豪紳居間調停了十幾回，毫無結果。於是有人就找到了郭解，請他出面調停。郭解深夜去見仇家，仇家勉強聽從。郭解對仇家說：「我聽說洛陽的頭面人物多次調停，你都不答應。你現在能聽我的，我怎麼能以外人而駁了洛陽頭面人物的面子？」他還告訴仇家：「不必聽我的，等我走了之後，讓洛陽的頭面人物調停你再答應化解仇怨。」說完連夜就走，沒人知道。可見對郭解這樣的「教父」級人物，宵禁是毫無用處的。

郭解這樣的人物尚且如此囂張，公然犯禁，那其他與之關聯的人物就更明目張膽了。郭解個子不高，平時很有禮貌也很自律，出門從不騎馬，也不會坐車直入縣衙。去別的地方，能辦的事絕對辦到，辦不到的事一般都會盡力協調，令雙方都滿意了才會接受宴請，因此很得大官豪士的器重。縣裡面的地痞以及其他縣的豪傑之士，經常深更半夜來拜訪郭解，數量多達十幾車。

像這樣的人物，宵禁更是毫無用處，反而顯示了他們的張狂和大膽，成為他們「亮胳膊」的一種標誌。

所以說，宵禁令並非一無是處，雖然少了點夜生活樂趣，但是治安好啊。你想啊，那小偷、強盜什麼的，剛出大門，還沒作案呢，先因為「犯夜」被抓了，想想是不是覺得也不錯呢！

長知識——宵禁也有破例時

漢代老百姓生活有那麼多限制，如果嚴格按照法律要求來辦，基本上晚上沒什麼娛樂活動。而且明確規定「三人以上不得聚飲」；當然，假如朝廷有重大慶典的時候，皇帝會特許臣民聚會歡飲，此謂「賜酺」，一般會有三天時間的大吃大喝，不加禁止。

三 路不能亂走，車不可亂坐
——什麼身分坐什麼車

古往今來，無論身處什麼樣的社會，過著怎樣的生活，交通工具都非常重要，如果什麼都只靠兩條腿是難以想像的。

說起古代的交通工具，我們還真是能躲在自個兒車上暗自竊喜，不僅僅是因為現在的交通工具速度快，而且沒有那麼多限制，只要有本錢，買輛好車滿世界跑都隨你高興。而在漢代可不行，那時的車可不是想買就能買的。憑啥？憑身分地位！

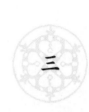

走累了，可以坐車回家嗎？

你想坐車回家？咱們先瞭解一下這個時期的車再說吧。古代將這樣那樣的車輛稱作「車輦」。值得我們驕傲的是，中國是最早使用車的國家之一。據說老祖先大約在四千六百年前，也就是黃帝時代已經創造出了車。

大概四千年前吧，就有一個以造車聞名於世的薛部落。《左傳》裡提過這個部落，薛部落的奚仲擔任夏朝（約前二十一世紀至前十七世紀）的「車正」官職。《墨子》、《荀子》和《呂氏春秋》也都記述了奚仲造車的事例。

「車輦」這高端的名字在《周禮・地官・小司徒》中已有記載：「使各登其鄉之眾寡，六畜車輦，辨其物，以歲時入其數，以施政教，行征令。」多的也不說了，只要記得「車輦」就是古代的車就行。那是不是任何時候都可以乘著車輦回家？不！你得明白在那個以天子為尊的王朝中，車輦不單單是交通工具那麼簡單，它更是一種身分的象徵，正所謂：「輿輦之別，蓋先王之所以列等威也。」想坐車輦，得跟玩遊戲似的先升級，級別高了，才有資格用好裝備。所以說這車輦還真不是隨隨便便就能坐上的。

漢朝車輦的變化

現在的車可謂種類繁多，名氣大的數都數不完，例如賓士、寶馬、保時捷、勞斯萊斯、奧迪等，名氣小的就更多了。古代的車輦分不分類呢？咱一個個來看看，首先先秦時代的車，被分為「小車」和「大車」兩類。到了漢朝，這車的分類就更仔細了。《後漢書‧輿服志》記載的車就有「玉輅、乘輿、金根、安車、立車、耕車、戎車、獵車、軿車、青蓋車、綠車、皂蓋車、夫人安車、大駕、法駕、小駕、輕車、大使車、小使車、載車、導從車」一、二十種。從皇帝到縣令，車的形制、裝飾、乘坐模式都有嚴格規定，不能隨便僭越。

而且，漢朝的車子與先秦相比較，變化也很大。單轅車慢慢變少，相反地，雙轅車倒發展了起來，車的種類從原來的兩種變成多種，主要用途也變了，原先用來打仗，現在主要用於載人裝貨。戰爭年代，自然是很多資源都用到戰場上去了，到了大漢，車肯定不用天天往戰場上推，主要作用自然就是拉人載物了。

話又說回來，大漢也沒太平多久，就到了「東漢末年，分三國」的戰亂時期，那個時候，車子肯定又得幹老本行，往戰場上鑽。你別說，戰場上還真少不得這車，打仗又不飆車，車有啥用？當然是運糧草啊！

俗話說「兵馬未動，糧草先行」，打仗的時候，糧草可是頭等大事。為了運送糧草，東漢三國時期出現了一種既經濟又實用的獨輪車，別小看這只有一個輪子的小東西，它在交通史上是一項重要的發明。諸葛亮的木牛流馬聽過吧？那在運送糧草上是省時省力速度快啊，許多學者也認為當時的「木牛」，就是一種特殊的獨輪車。怎麼樣，知道什麼叫「小車輦，大作用」了吧？所以說別光想著現在開車不容易，那個年代的車輦你還不一定有資格駕駛呢！記得老祖宗的「六藝」不？「禮、樂、射、御、書、數」，其他的先不說，這「御」指的就是駕車，可見當時駕車在人們心中的地位。

不光駕車，坐車都得講規矩，哪像現在坐車，往自家小車上一坐，高興了唱支小曲兒，累了坐後座把鞋襪一脫，橫著就睡了。古人乘車講究著呢，他們崇尚左側，以左為尊。人還不能多，一車三人，尊者在左，驂乘（就是陪乘者）居右，御者（就是駕車的人）居中。兵車又跟一般車的坐法不同，如果是將帥乘坐，居中的就不是駕車人了，而是主帥，這樣方便指揮，御者換去左邊，護衛守在右邊；如果是一般小兵乘坐的兵車，還是御者居中，左邊甲士一人持弓，右邊甲士一人持矛，相互配合，協同作戰。

成親要門當戶對，乘車要「車當人對」

《隋書・禮儀志》記載：「輦，案《釋名》『人所輦也。』漢成帝遊後庭則乘之。徐爰《釋問》云：『天子御輦，侍中陪乘。』今輦制象軺車，而不施輪，通幰硃絡，飾以金玉，用人荷之。副輦，加笨，制如犢車，亦通幰硃絡，謂之蓬輦。自梁武帝始也。輿，案《說文》云：『篗，竹輿也。』《周官》曰：『周人上輿。』漢室制度，以雕為之，方徑六尺。」

在那些等級森嚴的年代，車輦必然也是分等級的。至於具體怎麼分，我們暫且一放，先來看看人的等級。最高級毋庸置疑是天子，然後是太皇太后、皇太后、皇后、嬪妃、太子、公主以及各位王侯、大臣。

天子是何許人也？是皇帝，九五之尊啊，車輦必然要與眾不同，要讓人一眼就認出來這輛車與眾不同，知道乘坐它的人一定尊貴無比才行。皇帝的車輦尊貴到什麼程度？皇帝的車輦不能叫車輦，叫作「乘輿、金根、安車、立車」。有什麼特色呢？《後漢書》講得很清楚：「輪皆朱班重牙，貳轂兩轄，金薄繆龍，為輿倚較，文虎伏軾，龍首銜軛……」而且對馬也有要求，乘輿用六匹馬拉，其他車用四匹馬拉。一句話，就是超級華麗，十足彰顯皇家氣象。

如果是太皇太后、皇太后的法駕，乘坐的是金根車，上面有青色的車網，青色的車帳。不是法駕出行的時候，則乘坐紫色毛氈帷幕的車，拉車的馬只能用三匹。長公主則可以乘坐紅色毛氈帷幕的車，至於大貴人、貴人、公主、王妃、封君則只能乘坐油漆彩畫的車，馬只能用一匹。

皇太子、皇子這個層級，乘坐的就是安車，紅色的車輪，青色的車蓋。而且這種安車對於皇子來說，只能封王之後才能乘坐，所以叫作「王青蓋車」。皇孫則是乘坐綠蓋車。都是用三匹馬拉車。到了三公諸侯這個層級，也可以乘坐安車，車輪也是紅色，只是車蓋變成了黑繒蓋，馬變成了一匹。太守級別乘坐的是朱黑蓋車，再往下車蓋顏色就會更單一，裝飾更簡單。而且還明確規定，商人絕對禁止乘坐馬車。

行了，嘮嘮叨叨說了那麼半天，其實就那一句話：這車，不是你想坐就能坐的。

四 想當黑戶不容易
——嚴格的戶籍管理

「哎，叫你呢，過來過來，看你賊頭賊腦的，哪兒人啊？叫什麼名字？性別？年齡？身分證號碼是多少？」亂跑遇上警察叔叔，哦，不，遇上戶曹（漢代官職，主管戶籍、農桑、祭祀）叔叔了吧，一番查問不要覺得意外，你沒聽錯也別慌，這就是傳說中的「查戶口」。

什麼是戶籍

戶籍制度古已有之，漢朝當然也不例外，只不過叫法不太一樣，漢代戶籍又叫作戶版、名數、名籍。《周禮・官伯》上記載：「版，名籍也，以版為之，今時鄉戶籍謂之戶版。」

戶籍制度有啥用呢？這說來就話長了。所謂戶籍制度，就是中央或者地方政權對所轄區域內的人口進行申報、登記、定居，以便於統計人口、徵調賦役、控制人口滾動、進行社會管理的檔案系統。

《中論・民數》中說：「民數者，庶事之所自出也，莫不取正焉。以分田裡，以令貢賦；以造器用，以制祿食，以起田役，以作軍旅。國以之建典，家以之立度。五禮用修，九刑用措者，其惟審民數乎。」

看懂了吧，戶籍就是用來登記你從出生到死亡的唯一憑證，從什麼時候出生，家裡幾戶幾口開始，到分田分地、交稅、服兵役，最後到離開人世，都會有所記錄。

你仔細回想一下，生孩子的時候，是不是得早早辦理「准生證」等一系列證明文件，生完孩子後，還要在戶口本上登記孩子的名字。

雖然事情繁瑣，但不得不做，為的就是給孩子登名造冊，在地方檔案中佔有一個「窩兒」。你可能要問，表面上是有戶口了，可誰都知道，重男輕女、暗地裡生孩子的人還是很多，按規定去登記就免不了要被罰款，但沒錢交罰款啊，只好隱瞞著，讓孩子變成黑戶。這些問題避免不了，有人來檢查，就躲起來讓你找不著，等風聲過了再跑回來，就像是和工作人員捉迷藏。

但說實話，有時也真是沒辦法，漏網之魚總是有的。可是在漢朝，戶口清查相當嚴格，想要成為漏網之魚，還是需要一點運氣和策略的。

各人有各戶

漢朝的戶籍制度，基本上是從秦朝承襲過來的，《史記・蕭相國世家》中說道，劉邦入咸陽後，蕭何「收秦丞相御史律令圖書藏之」，後來「漢王所以具知天下阨塞，戶口多少，強弱之處，民所疾苦者，以何具得秦圖書也」。

由此可見，蕭何是有準備的，用「拿來主義」的策略承襲秦之制度。當然光拿是不夠的，還是要改進一下，不然如何體現政績呢？所以蕭何制定了《戶律》，可惜啊，到了現在已經失傳了。

雖然我們不知道蕭丞相具體的改進措施，但根據一些史料還是可以略見一斑。比如漢代戶籍增加了「戶等」的概念，也就是根據家庭資產做了劃分。這本來是個細化的好方法，但是因為歷史條件等原因，又沒有制定很明確的標準，只是做了一些很粗略的戶等劃分，大致分為三個種類：「小家」「中家」「大家」。可作為比較標準的東西就是家裡的「家訾」（家產），三萬家訾以下的，就是小家；家訾十萬的，就是中家；家訾十萬甚至百萬以上的，就是大家。

「大家」能富到什麼程度？看看這些取自史書的片段吧，「一馬伏櫪，當中家六口之食」；「所居宅一區，直百萬」……啥意思呢？

也就是說，大戶人家家大業大，財大氣粗，光是養一匹馬的費用，就相當於中等人家六口人的花費；他們的住宅也氣派呀，和我們現在的富人區別墅一樣，動不動就成百上千萬，奢侈啊！所以要是見到「大家」人，不要猶豫，不要客氣，直接上去高呼：「土豪，我們做朋友吧！」

言歸正傳，繼續說說這個戶籍的問題。漢朝承襲了秦朝的戶籍制度，在此基礎上發展完善了很多東西，除了一些叫法不同之外，分類也詳細了很多。比如針對「大家」，登記的不只是這家人的名字，還有年齡、機關、職務、爵級、家中固定資產，以及流動資產的名稱和估價等。這一點非常重要，也就是說，你要是個有錢人，你的家族在國家可是有「名籍」的，你有多少房子多少車，家中幾口人，每年收入多少，都別想逃過官府的眼睛。要是遇上什麼天災，朝廷要求在民間征糧征錢，估計你會是第一批被請到縣衙的人。

這名籍還根據不同的身分地位有著不同的登記內容。如上面所舉的例子屬於「訾名籍」，這一統計主要是為了配合徵收「訾算」的制度，所以很強調家中財產的估價。除此之外，還有「戍卒名籍」，要求寫清楚姓名、年齡、籍貫以及所任職務、所受封的爵級等。如果職位低一些，則還需注明所任職的地區和單位。第三種是記錄官吏功勞的名籍，這種名籍除了標準的姓名、年齡、籍貫等內容之外，還需要記錄此人的勞賜、數量，還有此人的特長，比如「能書會計，治官民頗知律令文」等內容。

不僅如此，官府還專門有「通緝令」名籍，和今天的通緝令類似，有名有姓，有出生年月，還有詳細的體貌特徵，只是少了一張照片而已。

戶口這事兒沒法弄虛作假

名籍有了，證明你不是一個黑戶，但你可能會想到，那些超生的，沒有戶口的，官府要怎麼查？

在漢朝，每年都有一個固定的時間段來清查戶口。西漢初每年清查兩次，分別為三月和八月，到後來才統一到八月，並延續到了東漢。查戶口的第一步，先「自占」，也就是說，作為大頭百姓的你，要自覺、自願、主動地將自家成員的籍貫、爵位、姓名、性別、年齡以及納稅情況、賦役情況、健康狀況，還有每個人同戶主的關係、家裡的財產數額等全部信息整理出來，上報到里長那裡，再由官府整理好之後層層上報。

那「偷稅漏稅」、「逃避徭役」、「謊報漏報」呢？這些情況當然有，因此在各家各戶自占之後，官府還要派人進行「案比」，就是有官員拿著你家自占的名冊上門來一一進行對比。官員常常都是搞突襲，要是你的自占內容有鬼，往往防不勝防。但被揭穿了也不怕，漢朝的律法還是比較寬容的，一次兩次不計較，但如果累計三次誤報，你就等著受刑吧！知道「淪為司寇」是什麼概念嗎？就是司法機關判處徒刑，將你派到邊疆去服勞役，並且隨時準備抵禦外寇。

怎麼？作為一個從鄰縣逃婚出來的丫頭，你和這家主人的關係不錯，人家都認你當了通房大丫頭，戶口的事情自然會替你隱瞞？哎，恐怕沒那麼好的運氣。按照規定，居民間有相互糾察監督的責任和義務，你天天在這裡生活，隔壁鄰居不可能不認識你吧？最重要的是無戶籍者與藏匿者同罪，你怎麼敢保證人人都會為了你擔風險？所以還是不要心存僥倖的好！

總之，事實證明，要想在社會上混，咱還是先弄個戶口本。別以為政策不嚴，沒戶口就可以偷稅漏稅，不服勞役不服兵役，想得美，沒戶籍可是寸步難行啊，還買房開店不？還結婚生子不？還出國旅遊不？做夢吧你！

那怎麼辦戶口呢？按照漢朝官方要求，每年的八月統計一次，《後漢書・禮儀志》曰：「仲秋之月，縣道皆案戶比民。」所謂「仲秋之月」，即每年八月。多出來的登記，少出來的劃掉，沒電腦的時代，這可不是一個小工程啊。漢代六千萬人口，嘖嘖，這信息量，書法家都能練出幾個了。

五 椅子是什麼東西？你得跪著坐

——傢俱不多但實用

唐宋太師椅，明清八大件，隨便得上一件，就夠一家三代吃上小半輩子了，更不要說年代更久遠的傢俱了。要是能有一把漢代的椅子……哎，我說你快醒醒吧，這日上三竿啦，咱們趕緊收拾收拾，今天還得去拜訪一大戶人家呢！

跪坐聊天，案上吃飯

敲開人家的門，進的是主人家客廳，感覺一路走來相當疲憊，很想在沙發上坐下歇歇，突然想起來，那時候還沒沙發這個東西呢。那即便是把椅子也行，總不能讓客人站著說話吧？

你到處瞅到處看，還真沒找著椅子、板凳什麼的。難道是主人家小氣，不捨得買這些傢俱？那你就想多了，實際上在漢朝，椅子還沒被發明出來呢！

從祖先們發現直接坐在地上容易受涼，不如墊著點兒枯樹葉、乾草什麼的來得舒服些，直到漢朝，其實也沒過去多久，因此這墊屁股的東西，也只是從隨便堆起的枯樹葉變成了規規整整的「席」。

這席方方正正，一般用蒲草編織而成，鬆軟舒適，非常適合當坐墊使用。你擦亮眼睛再仔細瞅瞅，這不客廳裡已經擺放好蒲草席了嗎？你熱情地和主人打過招呼，彆彆扭扭地坐在了席上。先等等，你不能隨意地盤腿而坐，得跟著主人學，咱說的這「請坐」，可是讓你跪坐在席上的。雙腿併攏，跪下，腳背朝地，屁股與腳後跟親密接觸。你皺著眉頭發話了：敢情這席不是為了讓屁股舒服，只是為了保護膝蓋的？

你答對了！

幸而，眼前這華麗的桌子吸引了你的注意。不過在漢朝，不管這個叫桌子，而叫作「食案」。顧名思義，這也是桌子的意思，而且是吃東西的桌子。你現在看見的這個食案在漢朝人家算是豪華的了，二十厘米高，二米見長，一米見寬，細緻的彩繪圖案足見製造者的精細功夫，桌腿上用鎏金銅包裹做裝飾。

在這長方形的食案旁邊，還放置著一個小方桌，高度和食案差不多，只是桌腿變成了弓形的。漢朝人管它叫「几」。怎麼樣，是不是想起今天的茶几來了？沒錯，現代的茶几最初就是從這個「几」演變來的。

你可能要問了，這食案也是桌子，几也是桌子，有什麼不一樣的用處嗎？在漢朝的大戶人家，一般將案和几的作用分得很清楚。案上是吃飯的地方，几則用來看書學習。而且几還有一個特別的作用，那就是用來拄胳膊。

話說到這兒，你還跪坐著呢，是不是覺得腿有些麻了？可主人家還在那裡熱情地講東講西，你也不好起身，這几就派上用場了。把胳膊拄在几上，分散一點身體重量，是不是瞬間輕鬆很多了呢？沒錯，几的另一項作用就是這個。

大戶人家有錢，也不在乎多買點傢俱，因此案和几的功能可以細分。但在一般的家庭，這兩樣東西的功能幾乎是重疊的，《說文解字‧木部》裡面說了：「案，几屬。」而且，普通的案也沒那麼大，就是長一米左右，寬半米左右的矮桌子，自然也沒那麼多裝飾。該吃飯的時候吃飯，吃完飯收拾開了，又擺上紙筆來學習。

榻上喝酒，床上睡覺

由於漢朝承襲春秋戰國時期留下來的坐禮，因此與坐有關的東西統稱為「坐具」。前面介紹的席算其中之一。除此之外，還有枰、榻和床。

枰的本義為棋盤，這是漢朝居室中常見的坐具，多為木質，與圍棋棋盤差不多大小，四面有十至二十釐米高的呈矩尺形的足。因為只能容納一個人坐在上面，因此它又稱為「獨坐」。《釋名・釋床帳》中是這樣解釋的：「小者曰獨坐，主人無二，獨所坐也。」

這下你能理解了，就是一個矮小的方凳。講究點的人，會在枰上再墊一層蒲草席，這樣跪坐著就能稍微舒服一些。

比枰大一些的坐具稱為「榻」，「長狹而卑曰榻，言其榻然近地也」。用今天的計量單位來解釋，這榻大約長八十四釐米。

宋太祖有一句非常經典的話，「臥榻之側，豈容他人鼾睡」，由此可見榻的作用不但可以用來坐著聊天，也可以用來躺著休息。雖然宋太祖他老人家這會兒離出生還早，但這「臥榻」卻是早已投入使用了。

照榻的長度來看，是可以兩個人一起坐的，因此也稱為「合榻」。當然，這得和主人關係好的，才能擁有合榻的距離。兩人對坐，中間擺上一個几，端上一壺酒，對飲暢談，也是漢朝人民的社交方式之一。要是喝多了，直接躺下睡會兒，這榻的多重功能就充分體現出來了。

可是榻畢竟面積小了點，如果要正正式式、舒舒服服地睡覺，你還得到床上去。床，是漢朝坐具中形制最大的傢俱了。一般為木質，當然也有獨特的石質床。如果按照禮儀尊卑來排序，床應該算是漢朝家庭中最尊貴的傢俱，在《風俗通義・愆禮篇》中有這樣的記載：「南陽張伯大，鄧子敬小伯大三年，以兄禮事之。伯臥床上，敬寢下小榻，言：『常恐清旦朝拜。』」看人家鄧子敬多講規矩，比張伯大小三歲，就把床讓給伯大睡，自己睡在旁邊的小榻上。這足以證明床的地位要高一些。

壁紙地毯，有錢人家樣樣不缺

為了保持私密性，在漢朝，人們常常在床的旁邊放置屏風。這也是漢朝傢俱中比較醒目的物件。屏風一般寬兩米、高一米，木質結構，中間雕花鏤空，繃有綢布。從屏風的講究程度就能看出一個家庭的富庶程度，有錢人家的屏風多漆有彩繪，有的甚至裝飾有華貴的寶物。

光說這光禿禿的床或榻，躺著就不舒服，自然得在上面鋪一層席，通常都是鋪竹席。主人家既鋪了竹席，又怕席子卷邊不好看，於是便在四個角上放了四個「鎮」，用來壓住席子。這「鎮」的材料也很講究，沒錢的用石頭鎮，有錢的用青銅鎮、玉石鎮。

鋪上了竹席，鎮上了玉鎮，前面擋上了屏風，這床上還差點什麼東西？沒錯，就差點柔軟的裝飾——帷帳。這裡所說的帷，最初指的是車中的門簾，後來慢慢被廣泛應用，成了居家裝飾品。帷帳不單用來掛在床上，也會用在門窗等地方，夏天遮擋蚊蠅，冬天防禦風寒，既美觀，又實用。

總體上看來，漢朝人也不浮誇，即便是豪華的裝飾，也還是能夠派上大用場。當然，還有兩樣東西就完全是用來養眼或講排場的了，它們分別叫作「壁衣」「地衣」。簡單點說，「壁衣」就像現在的牆紙一樣，不過材質是錦繡，有錢人用錦繡來包裹光禿禿的牆壁，以防露出難看的土牆原色。地上也一樣，鋪上一層毛織品，不但踩上去鬆軟舒服，而且也遮住了地板本來的顏色，重要的是還有防潮功能。這大概就是最早的地毯了吧，不過漢朝人民不那麼叫，他們稱之為「地衣」。

走在厚厚的地衣之上，看過了華麗的屏風，低調的玉石鎮，仙氣十足的帷帳和壁衣，對漢朝有錢人家的傢俱是不是已經有一些認識了？你也許注意到了，主人案旁邊的几上還放置有雕刻精美的香爐、造型別致的燈具，要是去拜訪平常百姓家，保證見不到這些東西。

六 孔融讓梨，你吃大的

——社交禮儀別小覷

古老的中華文明源遠流長，在五千年的歷史長河中，不僅創造了燦爛的文化，更形成了高尚的道德準則、完整的禮儀規範和優秀的傳統美德，擁有了令人驕傲的「文明古國，禮儀之邦」之美譽。仔細想想，我們的禮儀教育的確是從小開始，小學就已經學習了「孔融讓梨」的故事，讓我們學會了尊重長輩，學會了謙讓。

皇帝登基環節

禮儀到底從何而來？就像江河水總有一個源頭，禮儀之邦「禮儀」的源頭與儒家主張的「君君臣臣，父父子子」的理念有很大關係，也就是孔老夫子主張的「當國君的要符合當國君的要求與規範，當臣子的要符合當臣子的要求與規範；當父親的要符合當父親的要求與規範，做兒子的要符合做兒子的要求與規範」。

在中國，禮儀世世代代傳承，每朝每代都有各自的風采，既然活在漢朝，那就來重點瞭解一下漢朝的禮儀。

皇帝登基相信你在各式各樣的電視劇裡都看過，知道這是新皇帝即位。一般電視劇裡，我們能看到皇宮內外戒備森嚴，連守衛都發了新衣服，文武百官更是衣著光鮮，黑壓壓地跪倒一片。新皇帝則會身著華麗服裝，戴著各種配飾，步伐沉著堅定以顯莊重。然後文武百官高呼「萬歲」，新皇帝微微一笑，大手一揮，中氣十足地說出「平身」二字，這禮算是成了。

別嫌電視劇演得簡單，在漢朝，登基之禮確實是挺簡單的。首先新皇登基之前，有關官員需選擇好良辰吉日。待到吉日，群臣奉上天子璽綬，太子即皇帝位。太后就尊為太皇太后，皇后為皇太后。拜謁高廟，大赦天下。之後照例下詔賞賜諸侯王及文武百官等，禮畢。

皇帝登基這種高端的禮儀，平頭老百姓根本沒資格參與，只能聽聽。我們的重心還得回到自己的生活中去。但我們可以去別處瞅瞅，比方說可以找一位德高望重的老先生拜訪一下，學習學習漢朝的禮儀文化。

不是所有男人都可以叫「先生」

見了老先生趕緊行禮，九十度大鞠躬，尊稱一聲：「老先生，晚輩有禮了。」老先生大手一揮說道：「起來吧，要瞭解禮儀文化，先問問你，你喊我『老先生』，可知這『先生』之稱從何而來？」嘿嘿，不知道了吧？聽老先生說吧。

最開始「先生」泛指長輩，因為「先生，先生」是先出生的人嘛！隨著社會的發展與變革，「先生」用來稱呼氏族中的老者，問題是氏族中的老者也不是只有一個人啊，難道個個都叫「先生」？肯定不是！能在氏族中被稱為「先生」的，都是在朝廷當過官的。他們榮歸故里，受萬眾矚目，必然成了年輕人的教導者。說到這兒你可能已經想到了一個無比光輝的職業——老師。對了，這也是後來學生把老師稱為「先生」的緣由。到了宋元時期，「先生」的範圍漸漸廣了，凡是有學問的人都可以稱為「先生」。

在漢朝，有一段時間女子流行把自己的丈夫叫「先生」。這個你怕是不陌生吧，回憶一下現在的生活，有時也會這樣使用，這都是跟漢朝學的。我們今天的禮儀有不少是從漢朝傳下來的，其中最熟悉的就是「禮尚往來」。過去的「禮」和今天可不一樣，可是大有講究啊，你隨我去看看。

來而不往非禮也

在中華文明五千年的發展過程中，「禮」一直貫穿其中。《禮記・曲禮上》說：「禮尚往來。往而不來，非禮也；來而不往，亦非禮也。」在古代，「禮尚往來」中的「禮」不僅是一種禮物，也是一種在送禮物過程中產生的行為禮節。我們來看看漢朝讀書人之間見面的禮節。

讀書人見面可不是一時興起，上門邀約了就出去開懷暢飲、高歌一曲。第一次見面，先要派一位傳話者去主人家傳達拜訪意圖，得到主人同意了才能去拜訪。如果直接去拍門求見是不禮貌的！

去拜訪人家，多多少少得帶點東西，以表心意。帶點啥呢？買禮物在當下社會可以說是一件令人頭疼的事，生怕買了不合人家心意。在古代這事兒就容易多了，因為作為見面禮一般都用「雉」，別看名字挺洋氣，其實說白了就是野雞。夏天炎熱的季節裡，還得把野雞風乾了再送。當然了，這禮送去主人家，對方照例是要推辭一番的，以顯示謙虛。

為什麼非要送野雞呢？《白虎通》裡說：「士以雉為摯者，取其不可誘之以食，懾之以威，必死不可生畜，士行威介，守節私義，不當轉移也。」意思是說這野雞不好抓，食物誘惑不了，恐嚇也不見成效，還寧死不屈。當時的士人以雉為禮，是取其一身好品德，以表達對主人的讚揚。

既然「來而不往非禮也」，那麼收到野雞的主人，也要挑選合適的時間，帶著野雞回訪。

酒過三巡，菜過五味？

聊了半天，該請講禮儀的老先生吃飯了，趁現在天還亮得趕緊吃飯，如果到了晚上宵禁時間，不但吃不上飯，可能還會被抓去問罪。

找家裝修不錯的酒家，上菜之前，你先和老先生聊聊天。「老先生，這『酒過三巡，菜過五味』具體是什麼意思，勞煩你給說說。」

老先生眼睛一瞪：「啥？『酒過三巡』，沒聽過，只知道『菜過五味』。」哎喲，你看我這腦子，「酒過三巡」是唐代才有的說法，這漢朝老先生肯定沒聽過。「老先生，不好意思，那你給說說『菜過五味』怎麼講，我們長長見識。」

一道好菜，講究色、香、味俱全。「五味」特指辛、酸、甘、苦、鹹。一桌菜，這五味全了，也說明菜品不少了。而這「五味」是由商朝一位有名的賢相伊尹提出來的。伊尹幼年時寄養於庖人之家，學習烹飪之術，長大以後成為精通烹飪的大師，並由烹飪而通治國之道。這位伊尹大人說，動物大致可以分成三種味道：水裡的腥，食肉的臊，吃草的羶。如果要把它們做成美味佳餚，就要靠辛、酸、甘、苦、鹹五種味道，和水、火、木三種材料共同烹飪，這便是「三材五味」之說。伊尹大人還說，治理國家也是如此，要講究各方面和諧統一，著名的「治大國若烹小鮮」之說便由此產生。

用到現在，意思也就是說，菜吃得差不多了，大家都該談談正事了。為何非要「菜過五味」方能言事呢？這與中國傳統的酒文化和禮教文化密切相關。從古到今，設酒宴客一直很重禮數。「菜過五味」多是鋪墊，吃吃喝喝差不多之後盡開言，這就叫「言歸正傳」。想想也是，等吃得差不多了，主賓也酒至酣處、耳至熱時、情緒正好，又有「吃人家的嘴短」之疚，此時說事正當其時。

餐桌禮儀，不可小覷

菜差不多上齊了，拿起筷子準備動手前，先聽聽餐桌禮儀。我們先看上菜，店小二上菜可不像現代社會，桌子上哪有空就往哪擠。飯菜怎麼擺，書上可是做了詳細規定的，規定如下：凡是陳設便餐，帶骨的菜肴放在左邊，切的不帶骨的肉放在右邊。乾菜肴靠著人的左手方，羹湯放在靠右手方。燒烤什麼的放遠些，醋和醬類放在近處。

蒸蔥等伴料放在旁邊，酒和羹湯放在同一方向。如果要分陳乾肉、牛脯等物，則彎曲的在左，挺直的在右。這可不是我編的，《禮記・曲禮》裡有著明確記載：「凡進食之禮，左肴右胾，食居人之左，羹居人之右。膾炙處外，醯醬處內，蔥渫處末，酒漿處右。以脯脩置者，左朐右末。」覺得這規矩太嚴格？其實這還不算什麼，上菜規矩也很多！當代社會，一般人家或餐廳端菜上桌，沒有太多禮數規矩。在古代上菜可沒那麼簡單，上菜時，左手端盤子，右手要扶著盤子；如果是上魚，則要以魚尾向著賓客，冬天時要魚肚向著賓客的右方，夏天則需將魚脊向著賓客的右方。

若是把今天帶轉盤的以方便大家夾菜的桌子拿去古代用，人家才不會領情，也許還會劈頭蓋臉一頓呵斥：「吃個飯一點規矩都沒有！」

這一趟來得挺值，學到了不少東西，讓人不得不感慨一番：隨著社會進步，禮儀得到了進一步完善和發展。而禮儀的發展，使中華民族的優秀文化傳統得以弘揚，使中國以泱泱大國之姿被世人稱為「禮儀之邦」。

第 二 章

別糗在不懂政治上

縱橫捭闔的漢朝政壇上，不僅有青雲志，也有戰神夢！
無數的先賢留下了他們的故事，
有人用錦繡文章贏得了掌權者的歡心，
有人用生花妙筆改寫了震驚世人的歷史，
而有些人卻因不諳其中門道而慘遭刑罰……
想要在雲譎波詭的政治舞臺上博得一片天，
只有勤懇鑽研大漢政治遊戲的規則，才能成就一番權力夢。

七 班固鹹魚翻身記

——「公務員」不好當

要問男人有多難，家庭事業一肩擔，不管是二十一世紀新時代，還是二千多年前的漢朝，大多數男人都要承擔賺錢養家的責任。只不過，與現代人多元化的求職機會相比，漢朝人的選擇就少得可憐了，無外乎士、農、工、商四類。對於想要「宣威沙漠、馳譽丹青」的漢朝青年們來說，求得一官半職，無疑是職業生涯的最佳選擇。

青年班固之煩惱

那是漢光武帝建武三十年（五四）的一個春天，按照中國人習慣使用的「虛歲」計算，班固已經二十三歲了。自十六歲起他便在洛陽太學求學，七年裡，他不僅學習刻苦，貫通諸子百家，年年都被評為「優秀三好太學生」，而且還結識了一大批優秀青年，為自己的職場仕途鋪平了道路。

升職加薪、在朝堂之上揮灑翰墨、指點江山的大好前程就在眼前，想到這點，班固的心裡還真是有點小激動呢。

然而，天不遂人願，這一年班固的父親班彪撒手人寰，班固傷心落淚之餘，更失去了經濟來源，再三權衡之後，班固最終從京城洛陽遷回扶風安陵（今陝西咸陽東北）的老家居住。

鯉魚沒有躍成龍門，反而被曬成一條鹹魚，人生的大起大落，簡直太刺激了！這樣的打擊，如果落在常人身上，即使不會萬念俱灰，恐怕也得消沉個一年半載，但是班固卻毫不氣餒，他決心繼承父親未竟的事業，在父親撰寫的《史記後傳》基礎上，開始撰寫《漢書》。

不過從事文化創作的班固，也並非就此打算一門心思當個文藝青年，學而優則仕才是那個年代的最高目標，寫作之餘，班固時刻留意著合適的工作機會。就這樣一直到了漢明帝永平元年（五八），前一年光武帝劉秀龍馭歸天，結束了他傳奇而光榮的一生，其子漢明帝繼位，次年改元永平。

新朝新氣象，登基不久的新皇帝任命自己的親弟弟東平王劉蒼為驃騎將軍，並允許他挑選四十名屬官。

「機會來了！」待業青年班固得知這一消息後，心裡大聲吶喊。他連夜奮筆疾書，寫了篇名為《奏記東平王蒼》的書信，在信中大談「幕府新開，廣延群俊，四方之士，顛倒衣裳」的理論，並向東平王推薦了多名自己的老同學，進而委婉地表達了自己的求職意向。東平王收到信後十分感動，錄用了班固舉薦的多名人才，然而卻拒絕了班固的求職。

面對這樣的結果，班固恐怕只能用「假如生活欺騙了你，不要悲傷，不要哭泣」來安慰自己了，但是班固萬萬沒想到，生活還會繼續欺騙他。

永平五年（六二），已過而立之年的班固同學，本著「此處不留爺，自有留爺處，處處不留爺，爺去寫《漢書》」的理念，一門心思在家搞他的創作。不曾想，有人向朝廷告發班固「私修國史」，漢明帝下詔扶風郡逮捕班固，將其關進京兆監獄，書稿也被官府查抄。

面對突如其來的打擊，班家上下亂成了一鍋粥，班固這樣的文藝青年進了監獄，如何挨得住折磨！弟弟班超更是關心其安危，這位日後僅憑三十六人便收服鄯善、平定西域五十餘國的「開掛達人」在家裡坐不住了，他決定採取行動。班超騎上快馬，穿華陰、過潼關，一路趕到洛陽上書，為哥哥申冤。班超這一馳書詣闕、告御狀的舉動在京城引起不小轟動，並且得到漢明帝的重視，他特旨召見班超核實情況。

朝堂之上，二十出頭的班超已初顯「開掛達人」的雄姿，他熱血沸騰地講述著父兄兩代人幾十年修史的辛勞及宣揚「漢德」的夙願，讓同樣二十多歲的漢明帝備受感動。與此同時，扶風郡守也將查抄的書稿送至京師。漢明帝抱著試一試的心態閱讀了班固的作品，結果對其才華大加贊賞，嘖嘖稱奇，立即下令釋放班固，並將其召進京都皇家校書部，拜為蘭台令史，掌管和校訂皇家圖書。終於，班固這條曾經躍龍門未遂的鹹魚，在而立之年因禍得福，得以翻身。

大漢「公務員」制度

身為漢朝最具學識的青年才俊之一，班固的求職道路可謂是一波三折，直到而立之年，才算是謀到了一官半職。雖然說不順不能怨社會，命苦不能賴政府，但是班固之所以經歷如此多的挫折，跟漢朝的公務員選拔制度有著密不可分的關係。

漢朝時期，後世所流行的科舉制度尚未誕生，公務員選拔制度主要有兩種：征辟制、察舉制。

所謂「征辟」，就是國家自上而下地擢拔人才，皇帝徵召稱之為「征」，官府徵召稱之為「辟」。一般情況下，皇帝或者官府征辟的對象，大多是上層社會名流，畢竟一個人的名字能夠傳到皇帝耳朵裡，肯定不會是等閒之輩。而受征辟對象，一般也都會被授予較高的官職，有的直接成為天子近臣，平步青雲。

征辟制在東漢時期最為盛行，王侯公卿皆以能夠招攬到文藝圈的知名大咖為榮。許多有志青年，為了能夠得到組織的垂青，更是四處交遊，今天混沙龍，明天參加高端party，為的就是在圈內混個臉熟。

不過漢代也有不少著名學者，一門心思搞研究，對當官發財不感興趣。例如東漢名士蔡玄「學通五經，門徒常千人，其著錄者萬六千人。征辟並不就」。後來越來越多的文化名流，為了彰顯自己的格調，皆以拒絕征辟為榮。

當時班固作為一名尚未嶄露頭角的無名文青，無論是身分地位，還是在圈內的聲名，顯然都不足以被執政者重視。所以當他的那封《奏記東平王蒼》郵寄出去後，自然是泥牛入海。

察舉制是漢朝時期另外一種公務員選拔制度，同時也是當時最重要的選官制度。與征辟制自上而下選拔人才所不同的是，察舉制是一種由下而上推選人才為官的制度。

察舉制的具體操作程式是，皇帝下詔指定舉薦科目，科目可分為歲科與特科兩大類，歲科有孝廉、茂才、察廉、光祿四行，其中最主要的為孝廉科。隨後由丞相、諸侯王、公卿和郡國守按科目要求考察和舉薦人才，應舉者按不同的科目進行考試，根據考試成績高下分別授予官職或者候補官職。

察舉制與科舉制最大的不同在於，讀書人想做官，必須得到領導的推薦。察舉制誕生之初，舉薦者尚能實事求是地舉薦那些品行端正、學識過人的青年才俊。但是任何優秀的制度，都會遇到不同的阻力。任你才高八斗、學富五車，也抵不過官二代們湊到察舉人跟前「叔叔」「大爺」地攀一通關係。最終察舉制漸漸變成了「拼爹遊戲」。

到東漢時期，察舉制已經基本被世家大族所壟斷，各大家族結成團夥，互相提攜對方家族中的後輩。對豪門子弟來說，入朝為官如探囊取物，他們在各種三叔四舅的關照下，基本上是三年升一級，用不了幾年就能混到二千石級別的高官，倘若自己再爭點氣，位列三公九卿也是指日可待。

但是對於寒門子弟來說，能不能被舉薦，被舉薦能不能通過考核，都是未知數。通過了考核能不能受到朝廷任命，好不容易做了官能不能升遷，更是不在個人掌控範圍之內。這就好比一場馬拉松比賽，本來就輸在了起跑線上的寒門子弟，還要面對一群穿著火箭靴的對手，就算全程都以百米速度飛奔，恐怕也贏不了。

除了征辟制和察舉制之外，漢朝還有一種名為「任子制」的公務員選拔制度。顧名思義，任子制就是直接任用官員子弟為官。漢朝政府規定，兩千石以上官員，只要任滿三年，即可在其兄弟子侄中挑選一人，任命為郎官。

如果說察舉制中，富二代們是透過各種作弊手段贏得比賽的話，那麼任子制基本上就是連上場都不需要，直接就上臺領獎牌了。

我們的班固同學，本來是有一次成為官二代、贏在起跑線機會的，只是他的父親班彪沒能把握住，在沒給兒子安排好後路的情況下便撒手人寰了，所以班固沒法「拼爹」，只能「拼命」。幸好他才華了得，學習的信念也夠堅定，在經歷了九九八十一難之後，終於等到了翻身的機會。

八 軍事明星李廣為什麼難升職

——建功不易，封侯更難

「朝為田舍郎，暮登天子堂。」當上公務員、迎娶美嬌娘，對於大多數的漢朝男子來說，恐怕就是奮鬥一輩子的最高理想了。夢想有多大，舞臺就有多大，對於有著更高目標的青年來說，高官厚祿已經不能滿足他們，有朝一日得以憑藉功勳晉爵封侯，從此步入貴族行列，才是他們的奮鬥目標。

錯失封侯

前後兩漢，侯爵不僅是人臣的最高待遇、最高榮耀，也是普通人所能取得的最高地位。凡是進入仕途的人，夢寐以求的無不如此。已是兩鬢斑白的「飛將軍」李廣，人到暮年，越發對自己的命運感到迷茫，功勳卓著卻未能封侯的遺憾，就像一道陰影籠罩在他的心頭揮之不去。

李廣，出身軍人世家，其先祖為秦朝名將李信，其家族世代學習弓馬騎射。漢文帝十四年（西元前一六六），匈奴大舉進犯，李廣參軍抗擊匈奴，因為精通騎射，在戰鬥中表現異常突出，被提升為郎官，年紀輕輕便成為騎常侍。因為李廣作戰勇敢，漢文帝曾經感慨說：「可惜你沒生在高祖時代，不然的話封個萬戶侯不在話下！」

我們大概可以推測，年輕的李廣聽了皇帝這句話，儘管表面上笑而不語，但心裡卻有可能很不服氣。三分天注定，七分靠打拚，自己正值壯年，武功卓越，建功立業的日子長著呢，未必就不能封侯晉爵。但是，不信邪的李廣沒有想到，漢文帝那句無心之話就像詛咒一般，直到他變成了老李，還是沒能封侯。

西元前一五七年，漢文帝駕崩，享年四十七歲。太子劉啟繼位，是為漢景帝。不久之後，李廣出任隴西都尉，後來又改任騎郎將。兩年後，七國之亂爆發，一場逐鹿中原的史詩大戲再次上演，對於職業軍人李廣來說，建功立業的機會終於來了。

七國之亂期間，李廣以驍騎都尉的身分，跟隨太尉周亞夫反擊吳楚叛軍。在昌邑城下，正值壯年的李廣奪取叛軍軍旗，立下赫赫戰功，名震天下。然而一時間被勝利衝昏頭的李廣，卻浪費掉了這麼一個大好的加官晉爵的機會，因為他接受了漢景帝胞弟梁王授予的將軍印信，惹得皇帝大為不悅，待其還師長安後並沒有得到皇帝的任何封賞。

作為後來人，我們知道這是李廣與封侯機會離得最近的一次，但就這樣被李廣錯過了。不知道晚年的李廣會不會感歎：曾經有一次封侯的機會，我沒有珍惜，直到失去後才追悔莫及。

李廣難封豈非命也

七國之亂平定後，李廣被調任為上谷太守，加入了對匈奴的作戰中。也許是看到其他戰友紛紛加官晉爵，自己卻只是平級調動，心中憤懣不平，同時又將錯失封侯良機的悲憤化成一股力量，希望能夠再立奇功。在對匈奴的作戰中，身為高級將領的李廣，總是戰鬥在最前線。在隨後的幾年，李廣又轉任隴西、雁門、代郡、雲中等各邊郡太守，贏得了「飛將軍」之名。

西元前一四一年，繼承了漢朝皇帝短命傳統的漢景帝駕崩，享年四十八歲，漢武帝即位。李廣由上郡太守調任衛尉，位列九卿，統率未央宮禁衛軍。這一年，李廣已經年過五十，對於一個征戰沙場多年的軍人來說，李廣渴望在生命的最後階段建功立業，為自己的戎馬生涯畫上一個完美的句號。

西元前一二九年，漢武帝派遣李廣、公孫敖、公孫賀和衛青四將，各率一萬騎兵分別從雁門、雲中、代郡、上谷四個方面同時出擊入侵的匈奴大軍。這次出征，除了李廣之外，其他三名均是血氣方剛的年輕將領，這似乎標誌著一個新時代的到來，暮年的李廣雖是壯心不已，但能否續寫飛將軍的傳奇，一切都是未知數。

結果，漢武帝時期的第一次對匈反擊戰中，李廣遭遇匈奴主力，一萬騎兵全軍覆沒，李廣本人被生俘後逃回。這一戰的失敗，對李廣來說，似乎是一個不祥的預兆。西元前一二三年，李廣以偏將軍的身分隨衛青出征，為衛青麾下六將之一，結果李廣無功而返；西元前一二〇年，李廣領兵四千，與匈奴左賢王部的四萬騎兵遭遇，由於張騫的援軍未能及時趕來，又一次全軍覆沒。

西元前一一九年，漢武帝集結十萬鐵騎，派遣衛青、霍去病兩員不世名將，對匈奴發動漠北總攻，意欲一舉平定匈奴之患。這一年，李廣已年過六十，這是漢朝對匈奴的最後一戰，更是李廣軍事生涯中的最後一戰。

未央宮裡，李廣在漢武帝面前老淚縱橫，他請求皇帝給予他最後一次建功立業的機會。望著白髮蒼蒼的李廣，漢武帝起初以他年老沒有答應，後來經不起李廣請求，最終任命他為前將軍跟隨大將軍衛青出征漠北。

最後一次出征，戎馬一生的李廣大概也想過，自己有可能會永遠地留在漠北荒原，但是那又能怎麼樣呢？大丈夫生當建功立業，縱使戰死沙場、馬革裹屍，亦是死而無憾。但是李廣不會想到，等待他的將是一場悲劇。

漠北之戰中，衛青得知匈奴單于本部就在自己的正前方，於是自率精兵，追擊匈奴單于，令前將軍李廣自東路迂回策應。此役衛青穿越大漠，奔襲千餘里，大敗匈奴伊稚斜單于。然而擔任迂回策應任務的李廣，卻因迷路，未能與衛青主力部隊會師，導致合擊計畫破局，未能完成活捉匈奴單于的作戰目標，伊稚斜逃往漠北。

李廣因迷路延誤軍機，按律當追究其罪責，老將軍對自己的部下說：「我從少年起與匈奴作戰七十多次，如今有幸隨大將軍出征同單于軍隊交戰，可是大將軍又調我的部隊走迂回繞遠的路，而我又偏偏迷路，難道不是天意嗎？況且我已六十多歲，不能再受那些刀筆小吏的污辱了。」於是拔刀自刎。

就這樣，一代名將李廣含恨而逝，留下了「李廣難封」的典故，令後人扼腕歎息。

用戰績說話，漢代軍功制度

李廣難封，有人說是李將軍命不好，也有人認為是漢武帝重用自己的小舅子衛青和大外甥霍去病而不待見李廣，而李將軍則認為可能是自己早些年殺過降兵，遭了報應。而想要探討李廣難封的根本原因，還得從漢朝的軍功制度說起。

漢初軍功爵位共有四等，分別是侯級爵、卿級爵、大夫級爵、小爵，其中含金量最高的非侯級爵莫屬。侯爵又分為關內侯和列侯兩種，前者級別較低，有封邑無封國；列侯級別較高，不僅有封國，而且是其封國內的最高統治者。一旦得到了列侯的爵位，就意味著脫離了平民階層，成了和皇室宗親一樣的貴族。

《史記》與《漢書》中的統計結果顯示，漢武帝時期，封侯者共計七十九人。其中敵方高級投降人員封侯者高達四十四人，其他三十五人中，抓捕造反者立功封侯的九人，因父親立功戰死而封侯的二人，真正因軍功封侯的只有二十四人。

其中因俘虜、斬殺匈奴王以上首領而封侯的十二人中，斬殺匈奴將軍而封侯的一人，俘虜匈奴閭氏封侯的三人，率部斬敵首級過千而封侯的五人，為擊敗敵軍做出突出貢獻而封侯的三人。

由此可見，漢朝封侯的四條標準為：一、斬殺俘虜敵方高級將領；二、率部斬敵首級過千；三、為勝利做出重大貢獻；四、父親立功而死，兒子亦可獲封。

從李廣一生的戰鬥經歷可以看出，七國之亂時期，奪取叛軍軍旗，是為奇功一件，極有可能因此封侯，但是李廣卻因接受梁王印信，錯失良機。其後幾十年間，李廣一直戰鬥在對匈作戰的最前線，但是由於漢景帝時期，漢朝一直秉承防禦政策，儘管李廣禦敵有術，卻無法對匈奴取得更大勝利，因此一直與封侯無緣。

武帝時期，李廣參加漢軍四次大規模對匈作戰行動，第一次全軍覆沒；第二次無功而返；第三次遭遇匈奴主力，儘管斬敵三千有餘，自己卻也全軍覆沒，功過相抵，仍舊沒有封侯資格；第四次出擊匈奴，李廣不僅因迷路未能與匈奴接戰，更因貽誤軍機，最終自殺身亡。由此可見，李廣之所以難封，歸根結底是因為漢朝嚴格的軍功制度。

九 司馬遷的人生悲劇其實一字可解決：贖

——數目繁多的刑罰

漢文帝時有一個勇敢的小姑娘緹縈，因父親獲罪被處以肉刑，故而上書救父，漢文帝深受感動，廢除肉刑。

實際上在漢代，刑罰種類之繁多，不勝枚舉。而司馬遷獲罪被處以宮刑更是令人唏噓。這其中有何原因，待我慢慢道來。

關於李陵的處理辦法

西元前九十九年，漢武帝劉徹當家。這位早已過了知天命年齡的皇帝，一心想要給愛妾李夫人的哥哥李廣利封爵，便先封了李廣利為將軍，並派他率軍討伐匈奴，打算派李廣的孫子李陵為別將，負責押運輜重。

李陵是將門之後，而且也得了好遺傳，善於帶兵且驍勇善戰，哪裡願意聽從李廣利那個腦滿腸肥的皇親的調遣，於是有些賭氣地率領著麾下五千步兵深入，獨立行軍。沒想到，竟然遭遇了匈奴的八萬主力騎兵。狹路相逢勇者勝，李陵雖然步步敗退，卻是越戰越勇，那氣勢嚇得匈奴主將不敢再追殺，決心放棄。

但這李陵也夠倒楣的，他隊伍中有人叛逃到了匈奴那裡，把漢軍的軍事機密全都給抖了出來，這人告訴匈奴主將，李陵的隊伍是孤軍作戰，根本沒有後援。這對匈奴人來說真是一個天大的好消息啊！於是，匈奴主將大旗一揮，殺將開去，手上只剩幾百殘兵的李陵悲慘地被俘了。

李陵兵敗的消息很快傳到了長安城，朝臣們紛紛進言，有稱讚李陵英勇的，有為李陵家人請賞的，甚至有人更能扯，說李陵之所以能夠帶著幾千士兵勇猛廝殺直到戰死，完全是因為主將李廣利指揮得當……把漢武帝捧得心裡美滋滋的。

殊不知，下一封奏報接著就給了漢武帝和朝臣們當頭一棒：李陵投降匈奴了！然後，整個朝堂上的氛圍變得非常滑稽可笑，大臣們紛紛轉舵，把矛頭指向李陵，完全不顧自己所說的話前後矛盾至極。

該怎麼處理這個事情？漢武帝也略顯尷尬，他滿殿掃視，最後將目光停在了之前未發一言的小史官司馬遷身上。

「司馬遷，你說說看，李陵這事該怎麼處理？」

老闆都點名了，司馬遷不可能再沉默不言吧，於是他站了出來，規規矩矩地行了個禮，然後說了這樣一番話：「陵事親孝，與士信，常奮不顧身以殉國家之急。其素所畜積也，有國士之風。今舉事一不幸，全軀保妻子之臣隨而媒孽其短，誠可痛也！且陵提步卒不滿五千，深輮戎馬之地，抑數萬之師，虜救死扶傷不暇，悉舉引弓之民共攻圍之。轉鬥千里，矢盡道窮，士張空拳，冒白刃，北首爭死敵，得人之死力，雖古名將不過也。身雖陷敗，然其所摧敗亦足暴於天下。彼之不死，宜欲得當以報漢也。」

這一番話表達了三個信息：

第一，司馬遷認為，無論從李陵的為人還是他的功勳來看，他都是具有國士風範的。司馬遷評價李陵為「國士」，這讚譽就高了。何謂國士呢？首先，可以指一國之中才能最優秀的人，比如戰國時候的趙策。其次，國士指的是一國中最勇敢、最有力量之人。這第一個資訊，就與滿朝文武此刻的進言背道而馳了。

第二，司馬遷說，李陵只有幾千步兵，遭遇了匈奴的幾萬騎兵，縱是這樣，他也照樣堅持戰鬥，打了好幾天，李陵所殺匈奴士兵的數量已經遠遠超過了他部隊損失的士兵數量，這樣算起來，漢軍不算虧，還賺了。

第三，李陵家世代忠良，他這時候投降匈奴，應該是偽裝的，實則當間諜去了，總有一天他會帶著匈奴的軍機回來報效漢朝的。

司馬遷這番話，有理有據，而且平心而論是很公平的，當然最後一條是他的推測，原本想著這樣說出來，寬寬漢武帝的心，也算是替李陵求情了。

倒楣的司馬遷

接下來發生的事情，不但是司馬遷人生的轉捩點，而且可以稱得上是歷史的轉捩點了。

大老闆坐在寬大的龍椅上，死死地盯著司馬遷，眉頭一點點地皺了起來。最後，他面目陰沉地說了一句：「把這個目無尊上的渾蛋給我拖出去！」於是，司馬遷就這樣莫名其妙地下了獄，並在酷吏杜周的各種殘忍折磨之後，十分冤枉地獲了個「誣上罪」。

「誣上罪」是什麼罪呢？史書上也找不到專門的定義，估計就是杜周自己杜撰出來的。但是從字面意思應該就能理解，「誣」，大概就是誣衊、誣陷的意思，

「上」，自然指的是聖上嘍。

誣衊了聖上，你說該受到怎樣的懲罰呢？自然逃不過一個死罪，請注意，這才是最重要的，死罪！

當然，要是司馬遷就這樣被處死了，那就沒有後來的故事了，所以說這命運往往都是曲折離奇的。

要知道，在漢朝，死罪是可以想辦法免去的，這並非「潛規則」，而是有條有款，完全能夠放到檯面上來操作的。如何操作呢？方法還不少。

第一種方法，如果祖上曾經有功於國家，在皇帝那裡換來過免死金牌，那麼只要金牌沒被皇帝收繳，後世子孫也能享受這「免死令」。

當然這是極少數情況了，亂世或開國的時候，掙得免死金牌的可能性要大些，到了盛世，皇帝一般也不會輕易地把這東西拿出來賞人，為什麼？以防搬起石頭砸自己的腳呀，萬一哪個人處心積慮拿了這免死金牌，然後造反怎麼辦？

當然，司馬遷是沒有這個好東西的，他生在一個普通的史官家庭，父親也就是整天埋首書堆整理資料的「書呆子」，一沒有建立功勳的想法，二也沒有這個機會。因此，與那高貴的免死金牌自然無緣。

如果沒有這麼好的東西來抵罪，還有第二個方法，就是花錢贖罪。這是漢武帝時期頒佈的特殊政策，此前可沒有，即便有，那也得暗箱操作，花無數封口費的。不過因為漢武帝當政時，擴大疆域、穩定邊疆的仗是常年在打，消耗非常巨大，導致國庫空虛，所以老闆經過深思熟慮後，就給全國的「公務員」下了一道通知。

各位親愛的員工們：

你們都是我大漢的員工，管理著各行各業，國計民生，為我大漢的強大富有做出了巨大的貢獻，感謝你們！現針對你們慣用的律法進行一些細微的調整，所有犯了罪的人，皆可通過上交一定數目的金錢來減輕罪責，具體減免條例後面會在各單位公告欄上公示。此項所得銀兩，全部上交國庫。

老闆：劉徹

到了司馬遷獲罪時，這項特殊政策已經實施多年了，連他自己都很清楚，想把這死罪免了，得向國家繳納五十萬錢。

五十萬錢是多少？這個說起來稍微有點混亂，不過根據時間可以判斷，司馬遷出事的時候，漢武帝已經完成了多次幣制改革，也就是說那時的貨幣基本定性了。再根據漢宣帝時期「穀至石五錢」來推斷，那時候的糧食價錢在每石五至十錢。而一石糧食大概相當於我們現在的一百斤。按照現在的糧食價格計算，五十萬錢大概折合人民幣一千五百萬元。

真貴，太貴了！司馬遷只是一個小小的史官，在公務員體系中，收入排在靠末尾的地方。每個月領了薪水勉強夠家人吃喝，節餘都沒有。而且他們家一來沒有經商的，二來也沒有貪污，哪裡來這五十萬錢？

好吧，只能考慮第三個辦法了：以宮刑替代之。

「宮，淫刑也，男子割勢，女人幽閉，次死之刑。」這宮刑是怎樣的一個刑罰，你不可能不知道吧？有沒有點心生恐懼？

既沒有免死金牌，又沒有足夠的買命錢，可又不能也不願意死，無奈之下，司馬遷只得選擇了宮刑。至於他為什麼不能死，咱們放到後面再說。今天就司馬遷這齣人生悲劇，順帶聊一聊漢代的刑罰吧！

大漢刑罰之種種

西漢建立之初，大部分的制度都是沿襲秦朝舊制，刑罰也不例外。刑罰大致分成了死刑、徒刑、笞刑及罰金幾種等級，在不同的等級之下，又有各種各樣的形式。

咱就先說說這個死刑吧。在秦漢時期，死刑根據不同的死法有不同的稱呼，梟首、腰斬、棄市、磔刑、車裂、鑿顛、抽脅、鑊烹、囊撲、具五刑、定殺等，聽上去很野蠻，執行起來也很殘忍。比如這梟首，實際上就是把犯人的頭砍下來並且懸掛示眾的意思，也就是常說的「梟首通衢」。

傳說中，「梟」指的是一種不孝的惡鳥，當小梟還在鳥巢裡嗷嗷待哺的時候，母梟便到處奔波，找食來餵養自己的孩子。待到小梟們羽翼漸豐，母梟早已累得筋疲力盡，視力嚴重下降，無法再出去捕食了，這時候，小梟們群起而攻之，爭搶著去啄母親身上的肉吃，母梟無力躲閃，只能死死地咬住樹枝，任憑孩子們瘋狂地啄食，直到最後，母梟被吃得只剩下腦袋。可是，你別覺得這母梟有多麼可憐，牠不也是吃著母親的肉，喝著母親的血活過來的嗎？因為這種不孝之鳥的歸宿都是掛在樹上，因此得名「梟」。

所以說，只有那些犯了實在讓人氣不過的罪的人，才會被判梟首，因為這種刑罰不只殘忍，重要的是還比較傷自尊。古人不是講究身體髮膚受之父母嗎？即使死也要保個全屍，而如果罪不可赦，就只能死得這樣難看了！

當然，死刑沒有不殘忍不見血的，因為漢朝也沒有什麼注射、電椅之類的現代化死亡手段。反正不是砍頭就是齊腰砍斷，再不就是五馬分屍，血淋淋那是避免不了的。

其實比死刑更為殘忍的是肉刑。你說死就死吧，反正死刑來得果斷，再怎麼痛苦也就一會兒的事情。但肉刑就不同了，什麼割鼻子、割掉臉上的肉，砍掉手指、腳趾……還不帶打麻醉的，這哪一種不是痛？

痛還不讓你死，就得活著，一輩子帶著受過刑罰的印記，走到哪裡都讓人看不起。這才是最大的折磨。

因此，開明的漢文帝在他當政的時候，經過一番努力，最終廢除了肉刑，用徒刑、笞刑以及死刑來取代。當然，漢文帝也不喜歡更加殘忍的宮刑，在廢除肉刑的時候也一併將此刑罰廢除了。可是既然漢文帝已經廢除了宮刑，後世的司馬遷何以又遭受了宮刑的罪過呢？

原因就在於，宮刑是傳統的代替死刑的辦法，就像今天的死緩，是一個過渡的過程。因為免了一個人的死刑，總不能就直接放他走吧，既然被判死刑肯定是罪過不小，即便罪不至死也要考量考量，但總得懲罰一下不是？沒有了宮刑，反而失去了一個接替死刑的刑罰。

到了漢景帝時期，經過再三斟酌，又恢復了宮刑。於是只能說，司馬遷的悲劇都是命運的捉弄啊！

說到這個「徒刑」，你應該好理解吧，所謂「有期徒刑」「無期徒刑」，那都是徒刑的不同形式。簡單地說，就是將犯人監禁起來，讓其在一定時間內失去人身自由，並且要為國家和政府做一些事情的刑罰。

漢朝的徒刑有一年至五年期限的。相比較當代，服刑的日子較短。但這幹的活兒可就不一樣了。像什麼修築城牆、造兵器、造工具、為宗廟砍柴伐薪等活計，都是由這些被判了徒刑的罪犯來做。更有甚者，直接發配到邊疆去服苦役。別以為到了邊疆山高皇帝遠的，跑了都沒人知道，被判刑的，可是登名造冊的，而且專門有人負責押送到地方，去了就戴上鐐銬或圈禁起來做苦力活兒，每天還有人點名查崗，想開溜哪有那麼容易！

到底是失去人身自由痛苦，還是被狠狠打一頓痛苦？你可能會覺得長痛不如短痛，犯了錯還不如被打一頓了事來得果斷。「笞刑」正好滿足了你這樣的想法。所謂笞刑，就是指「用竹板或荊條拷打犯人脊背、臀部或者腿部的刑罰」。竹板或荊條雖算不得「利器」，但抽在身上的感覺可真心不爽。要是咬著牙能受得十下，就算是身子骨硬朗的了。那「笞五百」「笞三百」的，簡直就算是酷刑啊，經常出現的情況是，還沒等打完，犯人就已經斷氣了，真可謂「活活打死」。這樣和死刑有什麼區別？

因此又在漢景帝的斟酌下，層層遞減了笞刑的數目，為的就是讓犯人被懲罰完了還能有口氣，以便在將來的日子改正自己所犯的錯誤。

雖然說「天子犯法與庶民同罪」，但顯然這是統治者說出來欺騙老百姓的伎倆罷了。所有的刑罰由統治者制定，為的是約束普通大眾而非統治者自己。因此，官員犯錯顯然要比百姓犯錯所受到的處罰輕得多。比如身分刑和罰金刑，不過就是剝奪官位爵位，處罰一些金錢罷了。如若不是什麼實在難以原諒的罪過，很多官員是可以花錢免災，完全無須承受肉體之痛。

可是，司馬遷只是個窮官，他沒有錢，自然沒有拿錢買命的資本。但是他很想活著，因此只能用「命根」來換命了。

刑罰代代有之且逐漸趨於完善。我們常常會為那些罪大惡極之人受到應有的懲罰而拍手稱快，但也時常會因為一些人遭受的不平冤屈而難過同情。但法律的嚴苛就在於，它必須具有一定的強制性，才能夠真正成為治理國家的利器。時到如今，我們也只能這樣想，沒有這場災難，也許司馬遷未必能夠寫出《史記》，如若他只是一名平凡的史官，我們將少學到多少知識呀！

十 曹丞相你究竟是個多大的官

——漢朝的相權與皇權之爭

曹操，字孟德，小名阿瞞，手下小弟以及江湖上給個面子的朋友，都尊稱其一聲「曹丞相」。儘管跟他對著幹的其他幾位扛把子，往往稱其為「曹賊」，但是曹操的丞相之職卻是貨真價實的。

曹操升官記

漢獻帝建安十三年（二〇八），時年五十三歲的司空兼車騎將軍曹操，征戰半生之後，登上其軍事生涯的頂峰。他以天子之名征伐四方，對內破黃巾、滅二袁、誅呂布，對外降匈奴、征烏桓、逐鮮卑，一時間睥睨群雄、雄踞宇內。

六月，曹操上表漢獻帝，罷黜司空在內的三公之位，重新設置丞相之職，並且當仁不讓地「毛遂自薦」出任丞相，天下輿論隨即一片嘩然。荊州劉表、江東孫權、涼州馬超以及還在四處打醬油的劉備等各路軍閥，紛紛指責曹操此舉包藏禍心，有謀朝篡位之意圖。也就是從那時候起，後世的舞臺上多了一個頭戴紗帽、身披錦袍的白臉曹丞相。

對三國歷史有所瞭解的人都知道，早在自任丞相之前，曹操便已形成挾天子以令諸侯之勢，就連當時最具勢力與資格，可與曹操逐鹿中原的袁紹，也被擊敗於官渡之戰中。不管曹操是司空也好，是丞相也罷，漢朝中央政府都牢牢把握在他的手中。究竟是什麼原因，讓天下豪傑對曹操為自己戴上的那頂丞相烏紗如此敏感呢？

不理解的原因，在於我們對漢朝三公九卿制度不夠瞭解，透過丞相這一官職，當時的人們能夠輕而易舉地看到曹操的野心之所在。現在咱們就來深入聊一聊漢朝的三公九卿制度。

丞相到底有多大

要說三公九卿制度，得從秦始皇時期說起，中國歷史上許多制度追根溯源，都能追溯到這位中國大一統的開創者身上。秦帝國建立之後，秦始皇在地方上以郡縣制取代分封制，在中央則設立三公九卿制，以統治全國。

秦朝二世而亡，大漢王朝的創始人劉邦，是個地頭蛇出身的秦朝鄉長，劉邦聘請的職業經理人蕭何、曹參等人則是秦朝基層公務員。漢朝立國之後，基本繼承了秦朝的全套政治制度。三公九卿制度作為中央政府的基本架構，也被保留了下來。

西漢時期，所謂的三公九卿，三公指的是丞相、太尉以及御史大夫。其中丞相是政府部門的最高行政長官，太尉是全國最高軍事長官，御史大夫主管監察。表面上看來，三公各有分工，地位相當，頗有些「三權分立」的感覺，實則不然。

太尉雖然是全國最高軍事長官，但和平時期卻是沒有兵權的，戰時也要有皇帝的符節，才能調動軍隊，所以軍權歸根結底是在皇帝手中，太尉充其量也就是總參謀長。而御史大夫的權力更小，除了監察職能外，更多的是承擔一些管理圖籍、奏章的文書類工作。

與之形成鮮明對比的是，西漢早期，丞相權力極大。皇帝作為天子，擁有至高無上的地位，有權任命丞相，但是丞相一經任命，便全權負責管理國家。皇帝若對丞相的行政管理有所不滿，雖然有權罷免丞相，卻無權直接插手政務。

丞相的權力如此之大，以至於西漢初年，曹參在擔任丞相時，曾直接要求皇帝不要插手政務。他對漢惠帝說：「高皇帝與蕭何定天下，法令既明具，陛下垂拱，參等守職，遵而勿失，不亦可乎？」翻譯成現代話就是，老一輩已經定下了基本國策，陛下你什麼都不用插手，我們這些做臣子的恪盡職守，天下就一定太平了。

西漢初期，丞相位高權重，以至連皇帝都要禮敬三分。凡丞相覲見，皇帝得離座；丞相病重，皇帝得親臨問疾，並遣使送藥；丞相去世，皇帝要前往弔唁，並賜棺、賜葬地、賜冥器等。此外，西漢初期的丞相蕭何、曹參等人，還都有「贊拜不名、入朝不趨、劍履上殿」的特殊待遇。

皇權的反擊戰

丞相一人之下萬人之上，位高權重，這無疑極大地削弱了皇帝的權力。漢武帝時期，皇權與相權之間的矛盾達到頂峰。漢武帝在位五十四年，先後任用過十三位丞相，其中七人被罷免，五人被處死或是被迫自殺，僅一人善終。百分之三十八的死亡率以及百分之五十四的失業率，使得丞相成為這一時期最為危險的職業。

對於有著雄才大略的漢武帝來說，即使是不斷撤換丞相，仍然不能讓他感到滿意，他的最終目的是加強皇權、削弱相權，做到真正的「號令天下，莫敢不從」。為削弱相權，漢武帝下令，政府頒佈的行政命令，必須加蓋皇帝玉璽才能生效。

同時，漢武帝在「內朝」中增設尚書台，專門負責審議政府奏章工作。凡是奏章、檔等，只有經過尚書台審議，最終交由皇帝加蓋玉璽之後，才具有法律效力。就這樣，國家大權在尚書台拐了一個彎之後，又回到了皇帝手中，漸漸地，尚書台成了最有權威的機構，丞相最終就只有「坐而論道」的權力了。

據傳，漢宣帝時期，丞相丙吉在長安城內散步，路遇打架鬥毆致人死傷，他不聞不問，行不許久，遇見有駕車的老牛在喘氣，他反而上前詢問駕車之人。隨從人員大惑不解，丙吉解釋說：「打架鬥毆，有京兆尹管，丞相不必過問；牛若未走多遠就喘氣，是天時不正，作為丞相，我有責任協助皇帝調理陰陽，所以要問問。」由此可見，曾經權傾朝野的丞相，已經徹底淪為閒職。

除了對丞相動手之外，漢武帝還廢黜「太尉」一職，將最高軍事長官更改為「大司馬」。之所以取「司馬」之名，在於漢朝征討匈奴，騎兵是當之無愧的主力，而戰馬也就成了最重要的戰略物資，名為「司馬」，實則取「司戰」之意。漢武帝最為鍾愛的兩員名將衛青、霍去病，都曾擔任大司馬一職。

後來，漢成帝時期，更「御史大夫」為「大司空」，漢哀帝時「丞相」更為「大司徒」，漢朝三公正式改為大司馬、大司徒、大司空，由此「三公」也被稱為「三司」。

◉三公的命運

西元二五年，光武帝劉秀登基稱帝，定都洛陽，史稱東漢。劉秀即位之初，承襲前漢制度，以大司馬、大司徒、大司空為三公。後來，劉秀改大司馬為太尉，同時去大司徒、大司空「大」字，稱司徒、司空。

與此同時，光武帝進一步擴大尚書台的權力。尚書台既出詔令，又出政令，尚書台最高長官尚書令擁有選舉、糾察、舉劾、典案百官之權；參與國家重大政事的謀議、決策，對朝政有著重大影響。

三公被架空，只剩下議事功能，毫無實權。不過值得「慶幸」的是，擁有實權的尚書令權重卻位卑，職階尚在九卿之下，這樣做的目的在於方便皇帝控制，這樣一來，三公仍舊是名義上的政府最高行政長官。只不過，位高權輕的三公，除了議事之外，最大作用是在天下發生災禍之時，引咎辭職，以平息天怒。

與三公的曲折命運不同，負責具體行政工作執行任務的九卿，職權變化一直比較小。九卿分別為：奉常，掌管宗廟禮儀，地位很高，屬九卿之首；郎中令，掌管宮殿警衛；衛尉，掌管宮門警衛；太僕，掌管宮廷御馬和國家馬政；廷尉，掌管司法審判；典客，掌管外交和民族事務；宗正，掌管皇族、宗室事務；治粟內史，掌管租稅錢穀和財政收支；少府，掌管專供皇室需用的山海池澤之稅及官府手工業。

兩漢四百年間，九卿最大的變化在於名字的更改。漢景帝改「奉常」為「太常」，「衛尉」為「中大夫令」，「廷尉」為「大理」，「典客」為「大行令」，「治粟內史」為「太農令」。武帝時改「大行令」為「大鴻臚」，「郎中令」為「光祿勳」，「太農令」為「大司農」。

不難看出，三公九卿制度的演變，是皇權與相權鬥爭的結果。最初的丞相權傾天下、架空皇帝，經過數代皇權的反擊，架空三公，牢牢地掌握了權力。而東漢末年，曹操廢除早已徹底淪為虛職的三公，重置已經消失兩三百年的丞相之職，並由其一職獨大，無疑是對皇權的「反攻倒算」，無怪乎天下譁然。

十一 皇上要削減封地？七國齊吼：「反了！」——先封王後削藩

周朝用自己的親身經歷證明，分封制無疑是一種自找麻煩的行為，但是僅僅過了幾十年，漢朝再一次玩起了分封制。漢高祖劉邦分封的大小王爺果然沒有讓劉邦「失望」，沒過多少年，就全都反了。

漢初封王運動

談起漢朝的分封制度，就不得不提漢朝創始人劉邦的頭號競爭對手——項羽。楚國貴族出身的項羽，在反秦成功之後，對春秋戰國時期的「血色浪漫」格外鍾情，於是自封西楚霸王之餘，大封諸侯。楚漢相爭時期，劉邦為了與項羽搶地盤，也跟風搞起了分封制度。功大者封王，功小者封侯。

在大漢帝國正式立國之時，劉邦已經先後分封了七個異姓藩王。不過劉邦搞分封，顯然是迫於形勢，等到競爭對手項羽徹底破產之後，劉邦就開始拿那些異姓王開刀了。楚王韓信、梁王彭越、趙王張耳等異姓王，全被劉邦收拾了。

不過劉邦在收拾幾個異姓王的過程中，還在思考一個讓所有開國皇帝都頭疼的問題，那就是如何才能讓劉家的江山萬世永固呢？仔細分析秦朝滅亡的原因，劉邦認為，最大的問題就是贏家自己人帶兵打仗的太少了，外姓人怎麼可能像自己人那樣忠心？

出身底層又沒什麼文化的劉邦一拍大腿，還是自己的叔伯弟兄兒子侄子靠得住，那些打工的外人怎麼可能跟自己一條心！想要保住劉家的江山，就得重用劉家人。封王！封劉家人當王。就這樣，劉邦陸續分封了九個劉氏宗室子弟為諸侯王，並與群臣殺白馬盟誓，此後非劉氏子弟不得封王。由此漢室江山初定，只是可惜了那匹無辜的白馬。

漢初劉氏諸王的封國，土地遼闊，人口眾多，東部以及東南部大片富庶的土地都處在諸侯王的統治下。諸侯王在封國內獨攬大權，他們不僅擁有徵收賦稅、鑄造錢幣的權力，同時還擁有強大的武裝，成為實際上的獨立王國。高祖時期，由於各諸侯王與劉邦血緣關係極近，對漢朝皇室的忠誠無可置疑，所以很好地維護了中央政權的穩定。

漢文帝削藩之策

不過我們應該以發展的眼光看問題，生活在二千多年前的劉邦顯然不懂這個道理。西元前一八〇年，周勃、陳平等老臣平定諸呂，迎立高祖第四子、代王劉恒為帝，是為文帝。漢文帝以高祖庶子繼統，地位本來就不穩固，而漢初所封諸侯王，已經歷了兩三代的更迭，與文帝的血統關係逐漸疏遠，政治上已不那麼可靠，因而一再發生叛亂。

朱虛侯劉章和東牟侯劉興居，在平定諸呂的過程中雖然有功，但是他們二人均是齊王劉襄的親弟弟，本來計畫擁戴齊王為帝。漢文帝登基之後，並未給他們分封新的土地，只是讓他們各自分割齊國一郡，封為城陽王和濟北王。

城陽王劉章不久死去。濟北王劉興居於文帝三年，乘文帝御駕親征匈奴之際，起兵反叛，後來兵敗自殺，濟北國被除。三年後，淮南王劉長謀反，事發被貶至蜀地，死於道中。這些事件預示著王國與中央政權的矛盾正在加深，尾大不掉的諸侯王已經成為漢朝中央政府所要面對的最大的麻煩。

為了鞏固漢朝中央政權，漢文帝採取了一系列重要措施。首先，他封自己的皇子劉武為梁王，梁王是太子劉啟同母弟弟，梁國是擁有四十餘城的大國，位於東方諸國與長安之間，是遮罩中央政府的關鍵。

其次，把一些大國拆分為幾個小國。例如東方勢力最為強大的齊國，本是劉邦長子劉肥的封國，被漢文帝拆分成齊、城陽、濟北、濟南、淄川、膠西、膠東七國。齊國舊地雖仍在齊王劉肥諸子之手，但是每個王國的地域和力量都已縮小，而且難以一致行動。漢文帝的這一系列措施有效地穩固了漢朝局勢。終文帝一朝，雖偶有叛亂爆發，但國家大局未亂。

七國之亂，兄弟們反了！

西元前一五七年，漢文帝劉恒駕崩，太子劉啟繼位，是為漢景帝。新皇登基，大赦天下，本是舉國歡騰之日，有一人卻怎麼都高興不起來，這個人就是吳王劉濞。吳王劉濞是高祖劉邦的次兄劉仲之子，統治吳地三郡五十三城。其轄區豫章郡產銅，劉濞鑄造銅錢；吳地濱海，劉濞煮海為鹽，獲利頗豐。

如果說人有錢就幸福的話，那麼劉濞絕對可以入選「幸福漢朝」十大人物。但是富有的劉濞卻一點都不幸福，尤其是劉啟登基之後，他總是北望長安，恨不得將這個新皇帝生吞活剝了。

吳王劉濞與漢景帝劉啟之間的恩怨要從劉啟做太子開始說起，當時吳王太子劉賢入朝，陪伴皇太子劉啟讀書。這位吳王太子在吳國囂張跋扈慣了，來到長安後根本不把劉啟這個皇太子放在眼裡。有一次，二人對弈起了爭執，劉賢態度不恭，皇太子劉啟一棋盤砸死了劉賢，吳王劉濞的反叛之心由此而生。

吳王劉濞懷不臣之心，漢景帝劉啟也有削藩之志，在御史大夫晁錯的建議下，這位年輕氣盛的皇帝決心以雷霆之擊，行削藩之事。景帝前元三年（西元前一五四），劉啟下令削減吳王東海郡作為懲罰，削趙王劉遂河間郡，削膠西王劉昂六縣；後來景帝又與群臣商議削奪吳王劉濞的封地事宜。

重病之人不宜用猛藥，漢朝立國數十年，藩王勢力根深蒂固，藩王之患也積疾甚深，景帝削藩之舉無疑操之過急，震動朝野。

削奪吳國封地的風聲傳到吳國之後，本就心存反念的吳王劉濞親往膠西，與膠西王劉昂相約反漢，事成之後兩國分天下而治。劉昂同意謀反，並與他的兄弟、齊國舊地其他諸王相約反漢。吳王劉濞同時還派人前往楚、趙、淮南諸國，通謀相約起兵。

沒過多久，削奪吳國豫章、會稽兩郡的詔書傳到吳國。早就做好準備的劉濞立即殺死了吳國境內所有漢朝中央政府任命的兩千石以下官吏，隨後聯合早已串通好的楚王劉戊、趙王劉遂、濟南王劉辟光、淄川王劉賢、膠西王劉昂、膠東王劉雄渠六王公開反叛。

由於準備充分，劉濞等人很快便糾集起了一支三十萬餘眾的軍隊，以「誅晁錯，清君側」的名義，舉兵西向，史稱「七國之亂」。

平定七國之亂

由於劉濞等人早有預謀，所以七國軍隊在叛亂之初勢如破竹。曾當過吳國國相的袁盎建議漢景帝誅殺晁錯，以滿足吳王「誅晁錯，清君側」的要求，換取七國聯軍退兵。隨後，丞相陶青、中尉陳嘉、廷尉張歐聯名上書，彈劾晁錯。無奈之下，景帝腰斬晁錯於東市。

漢景帝誅殺晁錯之後，劉濞等人非但沒有撤兵，反而認為景帝軟弱無能，劉濞自稱東帝，與漢室分庭抗禮。景帝決心以武力鎮壓叛亂。

太尉周亞夫領兵抵禦吳楚聯軍主力，曲周侯酈寄領兵攻打趙國，欒布攻擊齊地諸叛國，大將軍竇嬰駐屯滎陽，監視齊、趙的動向。

吳楚聯軍向東進軍，與景帝之弟梁王劉武交戰，吳楚聯軍並力攻城，梁王劉武一面拚死抵抗，一面向朝廷告急。太尉周亞夫認為，吳楚聯軍氣焰正盛，與之正面決戰並無勝算，於是計畫讓梁王軍隊拖住吳楚主力，尋找時機切斷對方補給，然後伺機擊潰叛軍，景帝同意了周亞夫的計畫。於是周亞夫繞道進軍，走藍田、出武關，駐屯洛陽。

吳楚屯兵堅城之下，一時難以取得突破性進展，於是揮師進攻洛陽。周亞夫堅守壁壘，不肯出戰，趁機遣輕兵南下，斷絕了叛軍的糧道。吳軍斷糧之後，士兵饑餓，戰鬥力下降、軍心不穩，決戰之中周亞夫大破吳楚聯軍。吳楚聯軍潰敗之後，吳王為東越王所殺，獻其首級於漢朝，楚王劉戊自殺。七國之亂主力吳、楚被破之後，其他諸王也相繼被漢軍所破。

七國之亂，起於正月，三月即被平定，七王皆死，六國被除。至此，中央政府的權力大大加強，其他未參與叛亂的諸侯王的力量也被削弱。從此之後諸王不再擁有治國之權，僅能在封地徵收規定數額稅賦作為俸祿，已不再具備與中央對抗的實力。

不過，由於平定七國之亂過程中，漢景帝胞弟梁王劉武立下頭功，梁國實力更加壯大，加之竇太后對其寵愛有加，以至於劉武萌生奪取儲君之位的野心。後來梁王先於漢景帝病逝，其封國也被一分為五，曾經實力雄厚的梁國不復存在。

漢武帝繼位之後，為了鞏固中央集權，允許諸侯王將自己的封地拆分給子弟，諸侯國越分越小，漢武帝再趁機削弱其勢力。武帝以後，王國轄地不過數縣，其地位相當於郡，分封制所帶來的弊病被徹底革除。

十二 幼子繼位太后臨朝——外戚干政成兩漢痼疾

經濟條件不富裕的年代，媳婦偷偷往娘家塞東西，這絕對是讓許多男人頭疼的事，不僅普通老百姓如此，就連皇帝也要面對這樣的苦惱。自漢朝立國之後，外戚專權，就成了一項「光榮傳統」。老皇帝駕崩，小皇帝繼位，皇太后臨朝，大國舅當政，這樣的劇情在漢朝，尤其是東漢時期，幾乎成了固定模式。

呂后專權

西元前一九五年六月一日（高祖十二年四月二十五日），漢高祖劉邦因病逝世，享年六十二歲。劉邦駕崩後，十六歲的漢惠帝劉盈繼位，太后呂雉臨朝聽政。按常理來說，二人是結髮夫妻，呂雉不滿二十歲就嫁給了比自己大十五歲的劉邦，夫妻情分應當很深。但是劉邦創業成功之後，沒能逃過「男人有錢就變壞」的定律，大搞男女關係，徹底傷透了呂雉的心。

呂后專權之後，為了報復負心漢，把仇都記在了劉邦那些小老婆以及她們的孩子身上，大批劉邦的姬妾、兒子被呂后殘殺。與此同時，呂后重用呂氏子弟。呂后專權期間，西漢王朝表面姓劉，實質上卻是呂家的天下。為了能夠長期把持朝政，漢惠帝劉盈死後，呂后一連立了兩名小皇帝。

呂后死後，隨即爆發了劉氏皇族與呂氏外戚集團之間的血腥鬥爭，在周勃、陳平等一干老臣的支持下，劉氏皇族贏得了勝利，西漢終於回到了劉家子孫手上，從而進入第五、六任皇帝領導下的「文景」時代。

竇氏家族

漢文帝登基之後，長子劉啟被立為太子，劉啟生母竇姬被冊封為皇后。竇皇后出身低微，早年離家，和自己的兄弟也再沒有往來。在她被冊封為皇后之後，她的弟弟竇少君來到長安與姊姊相認。文帝賞賜給竇少君財物、田宅，讓竇家遷居到長安，一家人得以團聚。

竇氏一族有三人封侯，竇皇后兄竇長君早死，長君子竇彭祖被封為南皮侯；太后弟竇少君封為章武侯，皇后侄竇嬰為大將軍，封魏其侯。

面對日益壯大的竇氏一族，老臣周勃等人感到了一絲不安，經歷過了呂后專權那段歷史後，老臣們擔心，在竇皇后的庇護下，數年之後，竇家難保不會成為第二個呂家。於是周勃、灌嬰等人建議漢文帝，挑選品德高尚的長者及行為端正的士人教導出身低微的竇氏兄弟。數年之後，竇氏一門子弟皆成謙虛禮讓的君子。

其後，文帝、景帝皆英年早逝，竇太后經歷文、景、武三朝，威望極高。武帝繼位早年，竇太后一度左右朝政，但是竇家卻並未因此專權，這首先得益於竇太后始終忠於劉家，其次也因為竇氏子弟始終保持著謙虛守禮的情操。

衛霍之功

漢武帝統治期間，皇后衛子夫的弟弟衛青、外甥霍去病立下不世之功，衛霍家族成為西漢年間第三個顯赫的外戚家族。不過，漢武帝雄才大略、享國日久，霍去病、衛青始終對漢朝忠心耿耿，並先漢武帝去世。漢武帝晚年，因「巫蠱案」，殺太子劉據，立幼子劉弗陵為儲，任命霍去病異母弟霍光為輔政大臣。西元前八七年，漢武帝駕崩，八歲的劉弗陵繼位，是為漢昭帝，輔政大臣霍光執掌政權。此後二十年間，霍光成為漢朝政權的實際執掌者，其間實行輕徭薄賦、與民休息的國策，為「昭宣中興」奠定了堅實基礎。

由於劉弗陵體弱多病，二十一歲便撒手西去，霍光再一次接下了「托孤輔政」的重任。因為漢昭帝無子，霍光選擇了漢武帝的孫子昌邑王劉賀為帝。結果此子荒淫無度，於是霍光在群臣支援之下，行伊尹之事，廢黜劉賀，立戾太子劉據之孫、漢武帝與衛子夫曾孫劉病已為帝，是為漢宣帝。當年戾太子劉據於「巫蠱案」中被殺，很大一部分原因，是其舅舅衛青、表兄弟霍去病早逝，以致失去外援，最終遭人陷害。後來，劉據之孫能夠在霍光支持下入繼大統，也算得上是蒙衛、霍庇佑。

漢宣帝之後，漢朝走向衰落，繼位的漢元帝盲目信任外戚史、高，同時又極其依賴宦官集團，外戚、宦官、士大夫爭鬥不休。漢元帝死後，其子劉驁繼位，是為漢成帝。由於沉溺酒色，迷戀趙飛燕、趙合德姊妹，無心朝政，以至太后王政君的家族掌握大權。

太后王氏一族勢力不斷壯大，太后的七個兄弟都封為侯，王政君長兄王鳳官位高至大司馬大將軍領尚書事，王政君的侄子王莽也開始嶄露頭角。這一切都為王莽篡漢自立創造了條件，西漢晚期的歷史，演變成了王氏一家的興衰史。

漢成帝死後，短短幾年裡漢朝又換了兩位短命皇帝——哀帝、平帝。西元八年，王莽代漢建立「新朝」，西漢就這樣葬送在王氏外戚手上。

王莽篡漢而立，幸而天不絕劉氏江山，西元二五年，光武帝劉秀建立東漢王朝，定都洛陽，史稱「光武中興」。東漢早期，光武帝、明帝、章帝統治之下，皇帝本人能夠控制國家的政治權力。但是東漢中期以後，大權逐漸旁落，西漢時期外戚專權的傳統在東漢被「發揚光大」。

東漢外戚列傳

東漢中後期，皇帝大多夭亡，據統計，東漢時期皇帝的平均壽命只有二十九點九歲，位列各朝代倒數第一。皇帝早亡，太子年幼繼位，於是就出現了母后臨朝聽政的情況。《後漢書》記載：「東京皇統屢絕，權歸女主，外立者四帝，臨朝者六后，莫不定策帷帟，委事父兄，貪孩童以久其政，抑明賢以專其威。」

這些垂簾聽政的太后，年齡都不大，一般不過二十幾歲，她們基本上沒有太多文化，更沒有最基礎的社會經驗，所以對統治一個龐大的國家來說，完全是力不從心，只好依靠自己娘家的父兄，幫助自己來處理國家大事。這樣一來，國家政權自然便落到了外戚的手中。

東漢中期，外戚主要有「馬、竇、鄧、梁」四大家族。東漢明帝的馬皇后，是大功臣馬援的女兒；章帝的竇皇后，是大功臣竇融的曾孫女；和帝的鄧皇后，是功臣鄧禹的孫女；順帝的梁皇后，是功臣梁統的後代。這四大家族，集功臣與外戚於一身，地位顯赫、勢力強大。漢明帝時期，東漢立國不久，各大家族的勢力尚未穩固，皇帝尚能牢牢把握朝政，馬皇后一門，也能夠自我謙抑，外戚參政並無太大危害。幾代之後，各大家族勢力穩固，皇權逐漸衰落，以後的歷代外戚，都是專橫跋扈，不可一世。

竇氏家族，一公、兩侯、三公主（竇穆尚內黃公主、竇勳尚沘陽公主、竇固尚涅陽公主）、四二千石，朝中勢力極大。竇氏祖孫三代，府邸連片，奴婢數以千計。到竇憲時，因其妹妹被稱為章帝皇后，崇貴日盛，專橫跋扈，連皇室成員也懼怕其三分。竇憲曾以低價強買章帝姊姊沁水公主的莊園，而公主竟然不敢與竇憲計較。

鄧氏家族更是勢力龐大，自光武中興後，累世寵貴，封侯爵者有二十九人，封公爵者二人，大將軍以下官職十三人，二千石高官十四人，州牧、郡守四十八人，擔任其他中小官職者不計其數。

梁氏家族也毫不遜色，順帝陽嘉元年（一三二），梁商的女兒梁妠被冊立為皇后，妹妹被立為貴人，不久之後梁商被任命為大將軍，執掌朝政，梁氏子弟遍佈朝廷。梁商死後，其子梁冀（妻孫壽）承襲父位，成為大將軍。

梁氏一門出了七人封侯，二人出任大將軍，尚公主的三人。女眷中三人被冊立為皇后，六位被封為貴人，被冊封為縣主的女兒七人。梁冀在位二十餘年，飛揚跋扈，百官莫敢違命。

漢順帝駕崩之後，梁冀為把持朝政，與梁妠一起立年僅二歲的劉炳為帝，是為漢沖帝。半年後劉炳夭亡，梁冀又立八歲的劉纘為帝，是為漢質帝。漢質帝雖然年幼，卻十分聰慧，在一次朝會中，他當著群臣的面叫梁冀「跋扈將軍」，梁冀勃然大怒。梁冀覺得質帝雖小，但為人聰慧，擔心年長後難以控制，最終將質帝毒殺。

不過東漢各大外戚家族，雖然掌權時囂張跋扈，但結局大多十分悲慘。漢和帝在宦官鄭眾等人的幫助下，撤了竇憲大將軍之職位，不久竇憲和他的三個兄弟竇篤、竇景、竇瓌都被逼自殺。竇家的支黨也大受牽連，包括歷史學家班固在內的一大批人被牽連致死，更多的人流放南方。鄧氏家族在鄧太后死後，也是立即遭殃，處死的處死，貶官的貶官，鄧太后的兄長鄧騭和他的兒子都絕食而死。

梁氏家族同樣也遭遇滅門之災，漢桓帝聯合身邊的宦官，發動政變，梁冀和他的妻子自殺身亡。梁冀的兒子河南尹梁胤、叔父屯騎校尉梁讓，以及他的親信衛尉梁淑、越騎校尉梁忠、長水校尉梁戟等人，連同梁家及孫家的內外宗族親戚，不論老少都處以死刑，暴屍街頭。其他受到牽連而死的公卿、列校、刺史及俸祿為二千石的官員有幾十人，梁冀原來的官吏和賓客被罷黜官職的有三百多人。

第 三 章

科技文化改變生活

總有幾個人會推動時代進步，
在沒有精密儀器、電腦分析的時代，
他們的智慧大腦如何創造出絕頂的科技成就，
一定是每一個「穿越者」最好奇的事兒。
如果有這樣一個機會，讓你與張衡、蔡倫促膝而談，
聽他們娓娓道來地動儀的祕密、造紙術的前因，
你最想說的那句話，一定是：
請開始你的表演！

十三　神器在手，再也不用擔心地震了

——張衡和他的地動儀

你看看前面村口那一群人聚在大樹底下又是焚香又是磕頭的，口中還念念有詞，究竟是在幹什麼呢？再往遠處看，哎，情景卻有些淒涼，坍塌或半倒塌的房屋，門前懸掛的白條布，似乎都在訴說著這個村子剛剛經歷的浩劫。沒錯，你猜出來了，一場毫無預兆的大地震讓大家傷亡慘重驚慌失措，這不，他們正聚在一起祈求神明，希望大地不要再生氣地搖動了。

張衡不只是天文學家

地震是非常可怕的自然災害，讓很多人都談之色變。我上小學時，上了一節自然科學課，認識了一個神一樣的人物——張衡！他發明了一個叫「地動儀」的東西，居然能感知地震。這完全照亮了我心裡關於地震的陰影，而更讓我崇拜的自然是發明它的張衡，他可以說是我生命中的第一個男神。

因此在說地動儀之前，必須向你隆重介紹一下這位歷史上的重量級人物。別以為搞科學發明的人，就是不解風情「宅」到爆的理科生了！人家張衡可是南陽五聖之一，還與司馬相如、揚雄、班固並稱「漢賦四大家」。這還不算什麼，更厲害的還在後頭，張衡還是中國東漢時期偉大的天文學家、數學家、發明家、地理學家、文學家，在東漢歷任郎中、太史令、侍中、河間相等職。

當然了，這種家那種家可不是我在這裡跟你胡亂說的，人家是有文獻記載的，字字句句都有證明。張衡在天文學方面著有《靈憲》、《渾儀圖注》等，數學著作有《算罔論》，文學作品以《二京賦》、《歸田賦》等為代表。

男神的影響是深遠的，因為張衡為中國天文學、機械技術、地震學的發展做出了傑出的貢獻。他發明了渾天儀（是一種水運渾象。用一個直徑四尺多的銅球，球上刻有二十八宿、中外星官以及黃赤道、南北極、二十四節氣、恒顯圈、恒隱圈等，成一渾象，再用一套轉動機械，把渾象和漏壺結合起來），以及大家熟悉的地動儀，被後人譽為「木聖」（科聖）。由於他的貢獻突出，聯合國天文組織將月球背面的一個環形山命名為「張衡環形山」，太陽系中的一八〇二號小行星命名為「張衡星」。

張衡還會畫畫

這個大家眼裡的理科生竟然還是個繪畫能手，並且在繪畫方面很有自己的想法。他認為畫家之所以喜歡一些非現實的東西，是因為可以借此虛構和想像，他在漢順帝陽嘉年間一篇上書中就說：「譬猶畫工，惡圖犬馬而好作鬼魅，誠以事實難形，而虛偽不窮也。」大概意思是，那些從事繪畫工作的人，多半都不喜歡畫馬啊、魚啊、鳥啊之類有名有實的東西，而喜歡畫些鬼魅之類的，誰都不知道長什麼樣子的東西。原因就在於，照著實物來畫，很可能畫不像，但想像著無形的東西就比較好操作了。

關於張衡的繪畫在今天確實找不著證明材料，因為年代太過久遠，而且可能因為他並非專攻於此，所以後人也就疏於保存。但是唐代張彥遠於《歷代名畫記》中稱他：「高才過人，性巧，明天象，善畫。」還有：「張衡作《地形圖》，至唐猶存。」從這兩句話可以證明，這位理科男是會畫畫的，而且善於畫地圖。

在《歷代名畫記》中記載了一個關於張衡用「足趾畫怪獸」的傳說：張衡聽說建州浦城水中有家身人首的怪獸，於是就追著趕著地去畫牠。但這個怪獸很怕人畫牠，所以不肯出來。但這種小事豈能難倒他？張衡乾脆扔掉紙筆，怪獸就出來了，張衡表面上不動聲色地看著怪獸，其實腳底下刷刷地揮舞著筆桿子，用腳趾畫下了怪獸。這雖然是個傳說，但從用腳趾畫畫這點來看，也可見當時張衡的畫功是不差的，同時也說明，這是一個善於動腦筋解決問題的人。

張衡是怎麼想到地動儀的

張衡生活的東漢時代，地震比較頻繁。關於地震頻繁這一點在《後漢書・五行志》中有所記載，自和帝永元四年（九二）到安帝延光四年（一二五）的三十多年間，共發生了二十六次的大地震。這簡直是一年震一次的節奏，可以說當時地震是很頻繁的。地震頻繁不說，震區有時波及廣，甚至大到幾十個郡，引起地裂山崩、房屋倒塌、江河氾濫，簡直是一片天昏地暗、暗無天日，給國家和人民造成了巨大的損失。

張衡對地震親身體驗多了，目睹了地震後的慘狀，痛心不已，加上他多年擔任太史令，記錄了一些各地震情，為了掌握全國地震動態，避免災難，張衡決定，要專心研究，拿出點具有說服力，而且能夠讓人們不再心生恐懼的發明來。

當時的封建帝王和普通老百姓都把地震看作不吉利的徵兆，有的還趁機宣傳迷信、欺騙人民。張衡就不信那些神神鬼鬼的，更看不慣老百姓被欺騙。為了向人們證明地震不是鬼神的事，他經過長年研究，終於在陽嘉元年（一三二）發明了候風地動儀——世界上第一座地震儀。

這個候風地動儀形狀像圓形的酒甕，酒甕中央有一根很重的柱子叫「都柱」，可以向八個方向傾側；酒甕外部的八個方向各有一個龍頭，嘴巴微張，口裡各含一顆銅丸。龍頭下各有一隻蟾蜍，張著大嘴對著龍頭，地震發生時，震源方向的龍就會神奇地張開嘴巴，銅丸便從龍嘴巴裡落下，掉入蟾蜍口中。

《後漢書》記載，該地動儀放在神都洛陽，西元一三四年的一天，日子很平常，而且洛陽並沒有任何震感，但一個龍頭卻張嘴掉出銅丸，在大家對地動儀頗感懷疑的時候，不久，千里之外傳來隴西地震的消息，證實了地動儀勘測地震方向確實有效。這時，張衡發明出來的這個玩意兒便得到了大家的認可，並且人們將其當成了一種「神的存在」。

為什麼叫「候風地動儀」呢？所謂的「候風」，是指風向的變化，張衡相信地震是因為陰陽兩氣相搏而形成，氣的變化就產生了風；哪個地方有地震，哪個方向的風自然也有變化，地動儀就測到了。

可惜的是，候風地動儀僅僅流傳到隋代，到唐代就失傳了。現在我們看到的地動儀是照著《後漢書》記載的內容仿做的，至於效果怎樣就不知道了。

但是也有研究說候風地動儀其實是兩個儀器，即候風儀和地動儀。有學者指出《後漢書・張衡傳》裡所記「陽嘉元年複造候風地動儀」一句，是候風儀和地動儀兩個儀器創造的記敘，不過《後漢書・張衡傳》把候風儀的情況忽略了沒有寫出來，所以人們就把候風地動儀誤以為是一種儀器。至於這個候風儀，據說大概是雨量器和風信器。

無論是地動儀或者候風地動儀，張衡的這項發明都是地震觀測史上一座不可逾越的里程碑。這項發明不僅僅是比西方早了一千多年，重要的是我們瞭解到了一點：張衡已經有意識地發現地震不是神鬼的作用，而是一種地殼運動。

遺憾的是，張衡在那次地動儀成功感知隴西地震後不久就駕鶴西去了。那個神奇的地動儀在戰亂中也消失得無影無蹤。但是張衡地動儀的製造理念穿越千年，仍舊啟發著今天的科技進步。

十四 竹簡太沉，絹帛太貴，換用紙吧！

——物美價廉的蔡侯紙

「罄竹難書」這詞各位不陌生吧，這個「罄竹難書」裡的「罄」意思是「完」，其他三個字都好理解，這個詞的意思是說把竹簡用完了都寫不完。當然這寫不完說不完的一般沒什麼好事，總之就是形容壞事幹得太多，罪大惡極。

最早的筆記本——甲骨

只是真可惜那些竹子了，身為歲寒三友之一竟是如此待遇。但要知道，這也是因為那會兒沒紙，只能寫竹簡上了。那一片竹簡能寫多少字？給你舉個例子吧，要是《新華字典》用竹簡寫，「整本」買下，估計口袋裡的錢足夠，力氣也不夠，憑你一個人，根本扛不回來，你得開車去拉，而且最好還是帶貨廂的那種車。這樣說，對竹簡有點概念了吧？

想想現代，別管有多少書，搬家的時候一個大箱子能塞下幾十本，一趟就給搬了。要說這麼方便的事，還得歸功於紙的發明啊。感歎這個偉大發明之前，我們先聊聊紙出現前的故事吧。

甲骨文主要指中國商朝後期（西元前十四至前十一世紀）用於占卜記事，而在龜甲或獸骨上鍥刻的文字。別嫌這龜甲硬梆梆不好用，在那個時候你想用都沒資格呢，我沒開玩笑，那可是王室專用！並且這些龜甲還有專人保管，叫作「卜官」。

經過加工和刮磨的龜甲和獸骨都送到卜官那兒登記，卜官則在它們的邊緣部位刻上記述這些甲骨來源和保管情況的記事文字，稱「記事刻辭」。

這些龜甲獸骨上記錄的大部分是殷商王室占卜的事。商朝的人大都迷信鬼神，大事小事都要卜問，占卜的內容有的是關於天氣，有些是農作物收成，也有問病痛、旱生貴子的，而打獵、作戰、祭祀等大事，更是需要卜問了！所以從甲骨文的內容可以隱約瞭解商朝人生活的情形，也可以得知商朝歷史發展的狀況。

不過要將這甲骨帶出門是很不方便的。重先不說，背在身上走路都叮噹作響，用的時候還要一塊一塊找，真是麻煩呢。

甲骨太麻煩，用竹子吧！

大概老祖宗也和咱們一樣嫌帶龜甲出門麻煩，於是到了戰國至魏晉時代，竹簡代替龜甲成了新的書寫材料。竹簡是用竹子削製成的狹長竹片，竹子稀缺的地方，也用木片代替，叫作「木簡」。因為竹子的體型纖細，所以做成的竹簡往往很窄，寫不了多少字。但木簡就不一樣了，畢竟大多數的樹木都比竹子長得粗，製成書寫工具也更寬敞一些，因此出現了「牘」。牘比簡寬厚一些，竹制稱「竹牘」，木制稱「木牘」。秦朝以後，製作工藝有了區分，一般簡就用竹片製作，而牘就用木片製作。當然這個時候也不用刀子刻字，畢竟竹片不像龜甲獸骨那麼堅硬且不易著色，這個時候竹簡上的字多用毛筆來書寫。

竹簡的製作也不簡單，要經過裁、切、烘（殺青）、書寫、鑽孔、編等步驟。不過在竹簡上修改錯字要比現在更方便和環保，不用什麼塗改液、修正紙，拿小刀輕輕刮掉一層就ＯＫ了，這可是「錯別字大王」的福音啊！

竹簡在我國書寫史上還是很有地位的，是造紙術未出現之前以及紙張普及之前主要的書寫工具。與當年王室專用的龜甲獸骨相比，竹簡把文字從社會最上層的小圈子裡解放出來，這對中國文化的傳播起到了至關重要的作用。也正是它的出現，才促成了百家爭鳴的文化盛況，同時也使孔子、老子等各位老先生的思想和文化能流傳至今。

但是帶竹簡出門還是太占地方。你看電視劇裡那些在朝廷為官的人，告老還鄉的時候搬家，還要專門找幾輛馬車拉那些竹簡。別看那幾大車竹簡就盲目崇拜，估計那些竹簡記錄下來的內容還沒一本《新華字典》多。所以說，竹簡記錄太費材料！現代社會裡著作等身的作家如此多，他們的作品放在那個時代，還不得把後山的竹子砍完了！現在你能夠理解為什麼古文都那麼言簡意賅了吧？主要還是因為長篇累牘太占地方，一個字能說明的問題絕對不用兩個字，而且連標點符號也給省略了，你要想斷句呀，自己先琢磨清楚意思吧！

不過在當時，雖然沒有諾貝爾文學獎得主，但是著名的竹簡作品還是很多的，比如漢武帝時期的魯恭王破壞了孔子的舊宅壁，發現了先秦古文書寫的竹簡：《論語》、《尚書》、《孝經》等。只可惜後來這批著名的竹簡消失在了茫茫人海。

還好後來蔡倫出現並改進了造紙術。

造紙術來啦！

造紙術可是最能讓中華民族子孫驕傲的一種發明了。大概從你接受教育開始，「造紙術是中國的四大發明之一」的說法就早已深入人心！

紙最早的雛形是因蠶絲而出現的。中國是世界上最早養蠶織絲的國家，據說老百姓的養蠶技術還是黃帝的妻子嫘祖娘娘親自教授的。在養蠶養到了該抽絲剝繭的時候，人們就把好的絲抽出來拿去織，剩下的不能抽絲的繭，就用漂絮法把裡面的絲綿取出來。

漂絮完畢後，篾席上會遺留一些殘絮，就是繭裡面的絲綿。繼而就一次次重複漂絮的動作，次數多了，篾席上的殘絮便會積成一層纖維薄片，這個時候就可以把鋪著殘絮的篾席端去晾乾。殘絮乾了之後就能從篾席上剝離下來，可用於書寫。但是這種漂絮的絲綿數量不多，古書上稱它為赫蹏或方絮。中國的造紙方法和絲綿漂絮法很像，所以造紙術的起源大概和這個漂絮法有點關係。

這個漂絮的絲綿可能就是最早的紙吧。因為漂絮的絲綿數量有限，到了東漢元興元年（一〇五），一位叫蔡倫的手工愛好者可能受到了漂絮法的啟發，他嘗試著用樹皮、麻頭及敝布、漁網等原料，經過挫、搗、抄、烘等工藝製造了一樣神奇的東西。

這個東西不像漂絮後那麼輕柔，拿起來很有質感，而且原材料價格低廉，有的甚至用的是零成本的廢料，用來寫字非常適合。

蔡倫發明的造紙工藝細說起來大概是這樣的：首先是「挫」，就是用漚浸或蒸煮的方法讓原料分散成纖維狀；接下來是「搗」，就是用切割和捶搗的方法讓那些亂七八糟的布條、樹皮什麼的成為漿；再然後是「抄」，就是在剛才搗出來的漿裡摻水製成漿液，然後用撈紙器（篾席）在漿水裡一遍一遍地撈，叫作撈漿，撈上一會兒，漿在撈紙器上交織成薄片狀的濕紙；最後就是「烘」，就是把濕紙曬乾或晾乾，輕輕地揭下就變成了一張紙！

之前的漂絮絲綿和這種紙一比簡直弱爆了，你看這種紙，原料容易找到，又很便宜，品質也提高了，物美價廉啊，人人都用得起。為紀念蔡倫的功績，這種紙也被叫作「蔡侯紙」。

「造紙術」值得書寫

在抱著重得要死的竹簡邊讀書邊歎氣的時候，紙的出現實在是太激動人心了。於是有關造紙的著作也不斷出現，如宋代蘇易簡的《紙譜》、元代費著的《紙箋譜》、明代王宗沐的《楮書》，尤其是明代宋應星那本著名的《天工開物》，對我國古代造紙技術都有不少記載，書中還附有造紙操作圖，是當時世界上關於造紙最詳盡的記載。

後來咱們還用竹子作為原材料，生產出了耐用不易破損的「竹紙」。

而且咱們老祖先十分大方，造紙術被普及之後還傳給了我們的鄰居朝鮮和越南，這叫有福同享。這老鄰居也是算撿著便宜了，用紙比歐洲早了上千年，歐洲硬是到了十八世紀才有竹紙。

當然還有一個鄰居也享受到了造紙術帶來的便利，這個鄰居就是日本。朝鮮半島各國先學會了造紙的技術，紙漿主要由大麻、藤條、竹子、麥稈中的纖維提取。高句麗、新羅也先後掌握了造紙技術。

六一〇年，朝鮮和尚曇徵渡海到日本，把造紙術獻給日本攝政王聖德太子，聖德太子直接下令推廣全國，日本人民更是尊稱蔡倫為「紙神」。

紙的發明和造紙術的改進，將我們從沉重的竹簡閱讀中解放了出來，變成了今天的窗明几淨，陽光正好，手指輕輕一撚翻過一頁紙的舒適。不得不說，書籍是人類進步的階梯，而紙張是書籍進步的一個更大的階梯。

十五 有了牛先生，日子算是輕鬆多了——漢代農民這樣種田

天氣晴朗，鳥兒在天空中自由飛翔。田裡的莊稼就快成熟了，農民吆喝著自己的耕牛，拉犁前行。農民穿著漢朝典型的短褂，十分輕快。只見他左手拿著長鞭，右手扶犁，緩步前進，不徐不疾。他身後還跟著一個提著籃子的小孩，在隨墒播種。

從《農耕圖》畫像石說起

這不是在說什麼關於風和日麗的故事，只是描述了一幅《農耕圖》的部分內容。怎麼樣？是不是特別生活化？你可能奇怪了，農民耕種土地是他們的分內事，要不然他們吃什麼？而且耕地這麼稀鬆平常的事，還值得這樣大張旗鼓地秀嗎？這《農耕

圖》可不是農民先生或他媳婦上傳網路的圖片，而是收藏在徐州博物館的漢墓畫像石。

可是能夠在死後擁有華麗寬敞的墓室居住的，想來都是些達官貴人或土豪大戶，為什麼要在墓室的石牆上畫農民耕作的圖案呢？

相信透過對漢朝的觀察之後，你是能想到的。漢朝是中國統一後多民族封建社會的第一個發展時期，也是農業發展史上的一個重要時期，怎麼說呢？那時候沒有工業，而且在「重農抑商」的政策下，經商在當時還不是什麼被人看得起的行業，最能顯示一個人富裕程度的就是他擁有多少土地。但擁有土地的人多不是親自耕種的人，他們多依賴無數農民出賣血汗為其賺取所需的價值和多餘的盈利。相反地，越是在田間辛苦耕作的人，越是沒有土地。

說了這麼多，我想告訴你的是，有錢人以擁有土地為榮，當然也以擁有更多的佃農為榮，所以在有錢人墓室的石牆上，才能夠看見這種彰顯富貴祥和的《農耕圖》。

但光有土地是不夠的，農業必須得到發展，才能彰顯農業大國的強盛。漢朝建立之初，基本上仍沿襲了秦朝的治國體制方略，當然，秦國的很多政策是不錯的，至少在商鞅變法之後，是相當不錯的。要不是嚴格按照商鞅制定的「法」來治理秦國，這一戰國時期偏遠高寒的小國，是不可能日趨強大到最終一統中國的。

秦始皇希望自己創建的帝國能夠千秋萬代，於是一直致力於尋找長生不老的仙藥。這個自信到極致的皇帝卻怎麼也沒想到身邊人都在算計他，更沒想到的是他終究也有一死。一齣「換位」，就把胡亥這個傻兒子弄到了原本屬於扶蘇的位子上。胡亥完全篤信趙高的蠱惑之言，躲在深宮不問政事，整個天下就由著趙高這個沒有多少見識而且心理極度扭曲的閹人窮折騰。他橫徵暴斂，濫殺無辜，毫無天下之心，最終斷送了秦朝。

新的農業發展政策

漢雖承秦制，但掌權者心裡清楚，那些殘暴的政策並不適合這個新世界，因此一定要做出更改。所以大漢朝採取了輕徭薄賦、罷兵屯田、鹽鐵專賣、改革農具、獎勵牛耕、興修水利等一系列措施，使得被踐踏的農業經濟得到了一定的復甦和發展。

對於農民來說，這一系列舉措聽起來可能太過複雜，根本理解不了，咱就說說這些舉措是如何落到實處的吧。

想過好日子，首先得天下太平，當然在這方面，劉邦已經很努力地做到了。天下太平之後，對於面朝黃土背朝天的農民來說，你得有地種，有莊稼收穫，才能夠富足啊。所以，「罷兵屯田」這一措施滿足了此項所需。

可是光有田種還不行，要是賦稅很重，每年忙到頭，全都交給國家了，自己家的孩子還餓得嗷嗷直叫呢，這也不能算作幸福。因此，還得「輕徭薄賦」。

最後說到土地上來，原始的耕種方式的確只能確保很低的產量，而且完全看天吃飯，如果繼續下去，農業經濟談何發展？因此在漢朝，農業最突出的發展之一便是鐵質農具的改良和推廣了。

鐵的重要性在農業發展中功不可沒，漢朝政府十分重視冶鐵業，在全國各地建起了很多的冶鐵官營，這些官營裡面的冶鐵技術在當時來說算是非常高了，不但能夠生產出不同的鋼和生鐵，而且已經達到了批量生產的程度。

生鐵能做什麼呢？當然是犁的一部分了。什麼？你說這犁早在很久之前就已經在使用了，算不得什麼稀奇？這你可就不知道了。咱們現在得隆重推出一位老實巴交、力氣大，只知道幹活的好好先生，牠就是牛先生。

功不可沒的牛先生

當牛先生參與到耕田勞作的隊伍中來時，人們發現，這老實巴交的牲口可比人的力氣大多了。而且曾經使用的那種形體狹小，只能破土劃溝的鐵犁根本不適合牛先生使用，於是改良版的鐵犁出現了。這新的鐵犁在寬度和厚度上都有明顯的增加，而且還多了一樣叫作「犁壁」的部件，它與犁鏵配合，再加上牛先生的大力氣，給農民帶來了福音。因為這一套改良後的農耕工具，能進行翻土、開溝、培土以及壓草等多項作業，不但將農民們從不堪重負的體力勞動中解放了出來，還能夠開拓更多的荒地，種更多的莊稼。

怎麼樣，是不是覺得牛先生挺偉大的？

咱不妨看看從廣東連州出土的一方漢代陶水田模型，這濃縮的藝術將漢朝的農耕展現得淋漓盡致。

這方模型塑造了兩塊水田，中間縱貫一道田埂，一塊水田中有一個人在用牛耕地，鏵犁清晰可見。另一塊水田中有一個人在用牛耙地，可見牛耕鐵犁在漢代已經成為農業生產的主流。

光靠鐵犁當然不能完全征服土地，因此，從冶鐵官營裡面出來的農具還有相應的鋤頭、鐮刀、鍤、钁、鍬、耙、耜以及鏟等，這些工具已然滿足了農業生產各個環節的要求，而且很多工具沿用至今，從這裡也可以看出，漢朝的農業對後世的影響是相當巨大的。

別以為一頭牛加上一架鐵犁，再配合上一位農民，就是漢朝農耕的全部了。在旱地牛耕技術最先發展起來的黃河流域，「二牛抬杠」的耕作方式也是最先出現的。你可以想像一下這個場景，用轡繩把兩頭牛與一根長杠拴在一起，長杠則與鐵犁相固定。拉犁的人手持轡繩，透過鬆緊度控制兩頭牛的方向和耕作的深度。這可是個技術活兒，咱這些從來沒有下過田、耕作過的人是完全無法掌握的。不信你去試試，真把這牛的轡繩交到你手上，估計讓牠們往前走都想不出辦法來！

「二牛抬杠」的耕作方式加大了耕作力度，同時也加快了速度。但人與人之間的配合才是更重要的。東漢末期，田間耕作的場景又出了新花樣。一人、一牛負責犁地，另一人和另一牛負責耙地。在田間往來行走，節奏均勻，配合默契，這才更進一步地提高了農業生產的效率。

十六 人們都看什麼暢銷書

——從焚書、禁書到獻書

漢朝有個人叫孫敬，他非常好學，每天都要讀書到深夜。有時候覺得太睏了，不知不覺就睡著了。可是孫敬不希望自己睡著了浪費時間，於是他想了個好辦法，將頭髮用一根繩子繫住，拴在橫樑上，一旦打瞌睡時頭往下垂，頭髮就會被拽緊，頭皮生疼，馬上就清醒了。這便是著名的「頭懸樑」的故事。

焚書坑儒和除挾書令

在讀這個故事時，需要學習的是孫敬那種刻苦讀書的精神。然而你可能會問，漢朝的人們流行看哪些暢銷書呢？

要介紹漢朝的人民讀些什麼書，就不得不把歷史再往前說說。秦始皇焚書坑儒的事情你還有印象嗎？咱也不描繪那個淒涼恐怖的場景了，重要的是，秦始皇這一搞，殺死了大半個天下的讀書人，阻礙了文化學識的發展。而且他下令焚燒了除秦國歷史、醫藥、卜筮及種樹的書以外的所有著作，更是讓其他小國的歷史消失於滾滾濃煙當中。這種舉措雖然能夠鞏固他的皇權，但終究遺臭萬年。

對愛書、讀書的人來說，這無疑是一場巨大的浩劫。在焚書坑儒後很久，都沒有人敢在大庭廣眾之下提起那些相關著作，更沒有多少人敢把自己腹中的知識記錄下來。一來害怕招惹殺身之禍，二來那個時候蔡倫還沒出生，造紙術還沒有普及，所有文字紀錄都是寫在竹簡和絹帛上。竹簡嘛，既占地方，又不好搬運，而且實在寫不了多少字；絹帛價格又很昂貴，不是普通人能夠負擔得起的，因此文字一事，好像被世人遺忘了似的。

一晃幾十年，楚漢之爭，項羽入了阿房宮，一把火燒毀了這恢宏的建築，讓後世人各種惋惜和遺憾。史學家們猜測，當時的皇宮中必然是有私人圖書館之類的藏書之地，裡面一定有很多在民間根本找不到的寶貴書籍。可惜一介莽夫項羽根本沒有意識到這些，他點燃了房屋，只顧自己歡欣雀躍。而房子已燒毀，書簡又何存？這對於秦朝書籍來說，無疑又是一場滅頂之災。

待劉邦當了皇帝，百業待舉，百廢待興，實在是分身乏術。而且他本人也沒讀過多少書，對復興文化這件事也不是很感興趣，所以根本沒顧上來思考什麼閱讀、教育的問題。

真正對漢代書籍的發展起到巨大作用的皇帝，是劉邦的兒子劉盈，也就是漢惠帝。劉盈當政時，下了一道詔書名曰「除挾書令」，廢除了秦時的文化禁令，使諸子百家之學逐漸恢復，最終將秦朝以來定立的禁書焚書的國令徹底廢除了。

書都燒沒了嗎？

現在問題來了，秦始皇當年「焚書坑儒」，致萬千書簡付之一炬，而且後續很多年這個禁書令一直存在，那市面上還有書可讀嗎？

答案是，有的！雖然不是明目張膽，但民間藏書的確不是少數，看來這「上有政策，下有對策」真是古而有之。但就這件事來說，的確不是什麼壞事。喜歡讀書之人多半也是愛書之人，有的人甚至把知識看得比命還重要，又怎麼會因強制的禁令而完全毀掉自己的心頭所愛呢？大部分人的處理方式都是挖地窖，辟荒野私宅，目的就是把祖上傳下來的以及自己收藏的書籍都藏起來，避避禍，期待有一天這種怪像能過去，使這些珍貴的東西得以重見天日。

這一天終於等來了。漢惠帝詔書一下，民間一片歡騰，那些家裡地底下藏著書籍的人都踴躍地將書獻出來，讓更多的人有機會讀到。這在《漢書・藝文志》的序中是有詳細描述的。

「漢興，改秦之敗，大收篇籍，廣開獻書之路。迄孝武世，書缺簡脫，禮壞樂崩，聖上喟然而稱曰：『朕甚閔焉！』於是建藏書之策，置寫書之官，下及諸子傳說，皆充祕府。至成帝時，以書頗散亡，使謁者陳農求遺書於天下。詔光祿大夫劉向校經傳諸子詩賦，步兵校尉任宏校兵書，太史令尹咸校數術，侍醫李柱國校方技。每一書已，向輒條其篇目，撮其指意，錄而奏之。會向卒，哀帝復使向子侍中奉車都尉歆卒父業。歆於是總群書而奏其《七略》，故有《輯略》，有《六藝略》，有《諸子略》，有《詩賦略》，有《兵書略》，有《術數略》，有《方技略》。」

當然，這是東漢班固所寫的《漢書》，因此裡面提到了西漢後來幾個皇帝與書籍發展的關係。這也證明了從漢惠帝劉盈開始，以後的漢朝皇帝再沒有幹過什麼焚書、禁書的壞事了。

漢惠帝此舉讓塵封多年的先秦諸子學派學說有了復甦的機會。但老一輩的人依然忌憚著焚書坑儒的惡果，當時的統治者多推崇黃老之學，所以儒學以及其他學派還需要一個緩衝期。這個時候的社會是什麼現象呢？

家中有藏書的不管是達官貴人，還是窮儒生，內心都很高興，但是他們又不敢太過明顯地表現出來。有的就邀請當官的到家中做客，翻出幾卷藏書給對方看看，試探一下對方的態度和朝廷的大方向。覺得安全了，才會說出自家藏書的實情。但對於自己的思想，除了黃老，其他絕口不提。

在這裡咱們打個岔，普及一下什麼是「黃老之學」。

黃老之學產生於戰國年代，是道家的第二大分支，其學派所推崇的創始人為黃帝和老子，因此被稱為「黃老」。簡單來說，黃老之學主張的是「無為而治」，以「無為」達到「有為」。運用到統治者身上，就是希望君主不要一味地去追求什麼千秋霸業、豐功偉績，儘量不要干涉人們的生活，尊重自然發展的規律，這便是對國家最好的治理。

在漢朝歷史上，最篤信黃老之學的是一個女人，而且是個位高權重的女人，她就是漢文帝的妻子竇漪房，咱們習慣稱她為竇太后。這個老太太雖然眼睛瞎，可是頭腦卻很清醒，在她活著的時候，干涉完兒子又干涉孫子，總希望自己家的男人能做到「無為而治」。

她的兒子漢景帝一輩子活在她指手畫腳的陰影中，又要孝順她，又不得不迂回地與她「鬥智鬥勇」，真是勞心勞力，不得安寧。長命的老太太熬死了丈夫，又熬死了兒子，終於熬到孫子登上了皇位。

她的孫子便是漢武帝。漢武帝比他的父親強很多，但依然不得不尊重自己的親奶奶。繼位之初，漢武帝仍受到奶奶根深蒂固的思想的影響。這給少年漢武帝留下了很大的心理陰影，以至於到他死之前立劉弗陵為太子，卻要親手殺死劉弗陵的母親鉤弋夫人，為的就是不想再讓女人對朝政指手畫腳。

古人的書不好讀

好了，言歸正傳，繼續說獻書的事情。

朝廷也不是不知道民間藏書者的忌憚，為了讓大家打消疑慮，朝廷立下規矩，花錢向民間購書。這樣，更加激發了民間藏書者的熱情。

但這又帶來了一個問題，一些人被利益所驅，行造假之術，比如《七略》，那是涉及內容相當廣泛的文集，大部分人都只知道目錄，就算有收藏的，也不全。於是造假者們就偽造《七略》中的內容，匆匆書就，賣給官府，試圖在朝廷把重點放在徵集書籍的時候大賺一筆。等到朝廷花時間來一一鑑別分類，發現有假時，早都不知道是從哪裡買來的書了。

不過，這種擾亂社會治安的現象畢竟是少數。漢武帝之後，儒學成了國學，一些儒學典籍便多了起來。這時候的漢政府相當重視對書籍的收集和管理，有專門的公務員負責書籍整理和寫作，且政府藏書也有嚴格規定。

到了東漢，書籍的地位就更高了。皇家的書籍有太史令及其門下一大批官員進行嚴格分類和管理，而且政府還出資修建了很多藏書閣以便收藏圖書，比如東觀、蘭台……等等。

你可能會說，說了半天書籍的命運，也沒怎麼介紹漢朝人都讀什麼書啊。別著急，咱這就來說說。

不得不承認，在漢朝，書籍的種類遠沒有現代那麼多，這是有客觀原因的。第一，前面說過，在造紙術發明之前，文學典籍著作都是寫在竹簡或絹帛上，非常不容易，因此，只有經典的東西才會被記錄下來，但諸如什麼心靈雞湯、幽默小品之類的，是很少著書出版的。

第二，漢朝人口也沒法和現代人口比，而且那個時候，讀書人並不多，大部分讀書人的目的也很明確，就是奔著功名去的。因此要嘛就去讀書奮鬥，要嘛只能目不識丁了。所以漢朝社會不存在暢銷書的說法，要熟讀的只有各種經典，不識字的人也不會閑來沒事兒端本書品個茶之類的。

你非得讓我舉出幾本書的例子？那我就得告訴你了，在東漢班固著《漢書》之前，其實所謂的「書」和你現在理解的還真不一樣。比如《易經》，它是按照篇數來區分的，共十二篇；《淮南道訓》二篇；《古文尚書》四十六卷五十七篇……總之，那個時候的書沒有目錄，只有一個總括的名字，裡面分不同的篇數，講的也是不同的事情，也不會有像長篇小說那樣的鴻篇巨制。

不信你回憶一下以前學過的《論語》、《孝經》之類的文言文，是不是簡單明瞭，一個字都不浪費，而且短短幾行字翻譯下來就要整頁紙。重要的是，獨立成章。唯有《漢書・藝文志》是漢朝最初的，也是唯一一本正規目錄學著作，這也充分證明了漢朝書籍的蓬勃發展。雖然現代人讀起來會覺得晦澀，但在漢朝的讀書人眼中，那真是so easy！

長知識——魯壁藏書

秦焚書之後，一部分典籍保存了下來。比如著名的「魯壁藏書」故事：西漢景帝三年（西元前一五四），皇帝劉啟將他的兒子劉餘從淮南遷到曲阜，封為魯王，史稱恭王。魯恭王好治宮室，傳說在擴建王宮拆除孔子故宅時，忽然聽到天上似有金石絲竹之聲，有六律五音之美，結果從牆裡面發現了《尚書》、《禮》、《論語》、《孝經》等書，一共幾十篇。這些經典是用蝌蚪文寫成的，不同於當時經師們保存的用隸書書寫的經典，人們就把它們稱為「孔壁古文」。「孔壁古文」是什麼時候進入孔壁的呢？據說是秦始皇焚書坑儒時，孔子第九代孫孔鮒認為「秦非吾友……吾將藏之，以待其求」，就將這些經典藏在孔子故宅牆壁內，自己到嵩山隱居去了。孔鮒到死也沒有把它們取出，但「竹簡不隨秦火冷」，這些經典終於保存下來。

十七 別嫌花瓶破，那可是古董

——由陶到瓷的升級

「中國」的英語是China，瓷器的英語也叫作china，區別只在於字母C的大小寫上。在英語課的時候老師往往會強調，瓷器對國家的發展有著至關重要的作用，所以二者連拼寫方法都一樣。咱現在身在漢朝，一定要去瞭解一下這國粹的發展歷程。

渾樸雄放的陶瓷之風

實際上，在東漢晚期，真正的瓷器誕生之前，這些所謂的寶貝還屬於陶器的範疇。如果追溯到更早的時期，無論是宮廷還是民間，使用的都還是青銅器。可以說從西周到漢初的這段時間，手工製陶業並沒有什麼明顯的發展，這大概與當時的社會背景有關。

因為宮廷中人以及王公貴族都習慣了使用青銅器，鍋碗瓢盆到杯子燈盞，都是青銅製品，為彰顯富貴，多用金銀器皿來襯托。只有民間才會使用陶器或者是竹木器。那時候的燒陶人沒有什麼地位，也沒有多少錢，反正製出來的東西僅供小老百姓使用，而且還不是那麼普及，因此價格賣不上去，造型上也不是特別講究，就算圓不周正，壺口不齊，也還是可以賤價賣出去。

但發展緩慢不代表沒有發展。西漢之初，剛剛結束了群雄逐鹿、烽火連天的局面，但過了不到幾十年，又開始了與匈奴的長期戰爭，這就使得整個王朝形成了一種「尚武」精神。

而在思想文化方面，又深受漢代思想家的影響。他們認為「求美則不得美，不求美則美矣」，也就是說，萬物應該有一個更加自然的開闊狀態。你巴巴地到處尋求所謂的美，反而找不到美。但如果肯退一步想，放鬆心態，尊重自然，放眼自然，就會找到更多「大美」。

自然與藝術的兩相結合，讓漢初的陶瓷形成了一種以壯碩、開闊、飽滿、渾樸、張揚、雄放為特徵的張力美。比如漢代砌牆的磚，目前出土的常見刻畫有人物、鳥獸、神話故事等圖案的畫像磚，其藝術性足以令人驚歎莫名。還有更令人驚歎的是漢朝的陶罐。器型獨特，紋飾多樣，有的彩繪仙靈，有的雲氣繚繞，有的直接反映漢匈戰爭的歷史事實，可謂妙處紛呈。

當然，你不用替古人擔心，也許這些東西都只是他們做出來以彰顯本領或僅僅是用來觀賞的，裝不裝東西根本不重要。更何況，大漢朝如此注重喪葬，不管是陵墓的修築，還是祭品、陪葬品的製造，大部分都是陶製品。

灰陶變美的旅程

在漢朝最為普及的陶系叫灰陶，因為這是最傳統的東西，是從遠古時期慢慢發展過來的。灰陶呈現青灰色，燒製溫度在攝氏一千一百度左右，成品質地堅實，非常耐用。當然，手藝人通常別具匠心，除了將器物燒製得規整之外，還會在上面加上一些劃紋或印文，提升其美觀程度。想想當年學校門口賣的各種印花T恤，將一件普通的白色T恤經過藝術化的裝飾，畫上一點藝術化的圖案以後，價錢就可以翻倍，大概這樣的創意也是從古人身上學到的吧！

灰陶中還出現了一種「彩繪陶」，也就是陶器上繪有彩色的花紋，但最初上色的方法還研究得不是很透徹，只會在陶器燒成之後描繪上去，因此很容易脫落。不過現代人幾乎都是在墓穴中發現彩繪陶，足以證明這只是作為隨葬的物品，而非生活用具。

隨葬的物品有一個專門的稱呼，叫「明器」，為的是與祭器區別。當喪葬習俗有了一些改變後，漢朝明器的種類越來越多，數量也相當龐大。這些明器不但造型別致，而且幾乎是人們生活的縮影。另外，還有農田、堤塘、牲畜、飛禽等模型，栩栩如生。

但要說漢代陶瓷業發展最為出眾的地方，還在於兩點。第一，在西漢中期時，成功地研製出了鉛釉陶器，這意味著自此之後，陶器再也不用背著灰撲撲的顏色，而是能夠穿上色彩斑斕的外衣了。物品一旦有了彩色的襯托，魅力指數自然急劇升高。還有第二點出眾的地方在於真正的瓷器終於產生了。

先說說這個鉛釉陶器。其製作工藝是用鉛充當助熔劑，加上一定比例的瓷土（也就是矽、鋁含量較高的土），再輔以一定比例的銅、鐵作為呈色劑，全混合以後研磨成漿料，然後一層層地塗刷在器具表面。

如果要繪圖的話，自然是靠蘸、點等工藝了。總之就是在普通的器具表面加上一些能體現思想的色彩，然後入窯燒製。

也許你會有疑問，銅和鐵的顏色並不鮮亮而且很單一，這也不算什麼漂亮的工藝啊？先別急呀，咱們去看看窯裡發生的氧化還原反應。

經過高溫作用，一系列變化出現了，銅和鐵作為原料，均發生了氧化反應和還原反應。銅在氧化的反應中變成了綠釉；鐵在氧化的反應中則變成了紅釉。而處於還原反應中的銅燒成了紅釉，鐵則燒成了黃釉。更有意思的是，介於這兩種反應中間，出現了褐紅釉，而這個顏色的出現，完全是因為窯室裡通風效果掌握不好所導致的。

無論銅還是鐵，都是借了鉛的作用才順利熔化最終燒成釉的，雖然漢朝的匠人們並沒有系統地學習過化學知識，也未必懂得氧化還原反應等專業術語，但他們有幾十年積累下來的經驗和不斷開拓創新的念頭，他們發現，這些上了釉的器具如果埋在地下，經過一段時間水的侵蝕後，表面就會析出一層銀亮的光澤，他們簡單地將其理解為一層新的釉，並稱其為「鉛釉」。

但實際上，這只是一種「泛鉛現象」，是作為助熔劑的鉛發生了一系列物理和化學變化之後從釉中析出的結果。而且每被水浸泡一次就會析出一層，到二十層左右是最佳狀態，光澤最為美麗。

這種鉛釉技術在漢朝中期突然出現，是令人始料未及的進步，那大概還得歸功於漢武帝，因為他十分注重外交，打通了與西域通商的路線，一些前所未有的新鮮東西和技術才得以來到中原，生根發芽。

新瓷器橫空出世

如果說鉛釉陶器是漢代陶瓷業發展的一大進步，瓷器的誕生絕不輸於它。原本陶和瓷應該是同母所生，只是一點點的不同，便造就了大不一樣的世界。

在考古界，鑑定陶與瓷的區別，一般有四個重點：胎質、火候、吸水率和是否有釉。但前面剛說了鉛釉陶器，充分證明陶器也是可以上釉的，因此最後一點不能作為評判標準。而吸水率和火候實際上都是建立在胎質的基礎上的。

陶器所使用的胎（也就是原材料）是一般的泥土，其中矽和鋁的含量都很低。而瓷器所使用的胎是特殊的瓷土，矽、鋁的含量較高，也就意味著它能夠承受更高的溫度，當溫度超過一千二百度時，它就開始達到燒結狀態，這時也就無法吸水了。所以說來說去，真正區別陶和瓷的，是胎質。

照現代的評判標準來看，瓷器似乎比陶器更加值錢，因為它們更具觀賞性、工藝性和收藏性。但你可能不知道，瓷器早在夏朝末期就已經出現了，可是直到東漢晚期才發生了本質上的蛻變。由於這次蛻變實在是太「本質」了，因此我們一般將東漢以前的瓷器稱為「原始瓷器」，之後的才真正稱為瓷器。

你要問了，這區別是什麼呀？那做好準備，咱又要開始上化學課了。

其實這堂課並不難理解。首先，原始瓷器在淘洗胎土和釉料的時候不如後期那麼精細，還含有很多雜質，這當然不是匠人們懶惰，而是淘洗技術還沒達到那個程度。這會造成什麼結果呢？就是鐵的含量達不到百分之一。如果含鐵量高於百分之一，燒出來的胎釉會呈現青灰、青黃、青綠等顏色；如果含鐵量高於百分之二，胎釉會出現紅褐色；如果高到百分之三以上，就呈現黑色，那這個瓷器就基本報廢了，反正如果想送進宮裡，或者拿到集市上當工藝品賣那是沒門兒的，頂多只能批量低價處理。那如果鐵含量低於百分之一呢？最終出爐的胎釉就會呈白色，這是多麼純淨的顏色啊！

其次，原始瓷器和新瓷器不一樣。這當然還是和胎土的精細度有關。胎土中矽、鋁的含量決定了它們對高溫的耐受性，含量高的耐受性強。最好的效果前面說過，就是超過一千二百度，完全燒結，不再吸水。這時，一件完美的瓷器就誕生了。

十八 香水什麼的，不是COCO小姐的專利

——宮廷流行香薰

「香奈兒五號」、「粉紅甜心」、「許願精靈」、「真我」……細數這些大牌香水，是不是感覺渾身的毛孔都打開了，身體輕盈，像是馬上就能夠迎接一場華麗的香水雨呢？香水對於女人來說的確是種無可抗拒的誘惑，而且異性相吸的本能讓女人明白，香氣撲鼻真正能夠誘惑到的，是男人的感官。不過，早在二千多年前的漢朝，人們就已經明白了這個道理，「香香甜甜惹人愛」已經是宮廷慣用的招數。

◎其貌不揚的異域香料

要問中國人開始接觸「香」的歷史，恐怕要追溯到軒轅黃帝，看看《拾遺記》中

怎麼說的，「（黃帝）使百辟群臣受德教者，先列珪玉於蘭蒲席上，燃沉榆之香，春雜寶為屑，以沉榆之膠和之為泥以塗地，分別尊卑華戎之位也」。

「珪玉」是象徵身分地位和權勢的東西，用沉榆香的香灰與之混合，充分說明了沉榆香在當時社會活動中的地位。也就是說，最初有記載的香薰並不只是為了點燃後氣味好聞那麼簡單，它更是經常與神聖的活動和地位高的物件相結合，體現了它的獨特性。

但那個時候的香多半參與的只是祭祀活動，並無其他，香味也比較單一。直到漢武帝朝，疆域擴大，與外邦建交，當然也得了不少稀罕東西，這其中就有香料。古時西域盛產香料，而且有不少知名的調香大師。他們利用香料馥鬱芬芳的本性，根據一定的醫理、藥理搭配，最終製出來很多款式的香料，發揮著不同的功效，比如安眠啊、治療疾病啊，當然也不會少了催情的香薰。

當這些香料順著古老的絲綢之路進入中原，擺在漢朝皇帝面前之後，香薰在中國就已經完全褪去了單純服務於祭祀業的職能，而完全成了宮廷中流行的萬千寵愛的寶貝。

你不信，看看這段描述：「漢武好道，遐邦慕德，貢獻多珍，奇香疊至，乃有辟瘟回生之異，香雲起處，百里資靈。」意思是漢武帝是位非常篤信求仙問道的人，經常尋覓民間方士到宮中為他招神仙。這招神仙需要什麼東西？當然是焚香了。那些附屬國得知皇帝的這個喜好，都爭相進貢，其中最多的就數各式各樣的香料。

有一次，弱水國派了一名使者跋山涉水，不遠萬里來朝貢，帶了一些當地非常名貴的香料。漢武帝聽說是種神祕的香料，心生好奇，即刻讓使者打開來看。可是映入眼前的「奇香」只是三顆如大棗一般普通，甚至有些難看的香料，漢武帝感到很不悅，不屑地對來使說道：「這個香料味道很常見，我們漢朝有的是，根本不是什麼稀罕東西啊。」遂命人將貢品扔進了庫房。如此，他還是覺得不爽，認為弱水國故意戲耍他，於是也不以正規的禮節招待來使，也不放人家回去，就讓來使待在都城久居。不久之後，長安城中時疫氾濫，民間的醫生紛紛搖頭，毫無辦法。

而時疫也很快傳到了宮中。御醫們戰戰兢兢，誰也想不出個好辦法來治療時疫。這時候，弱水國的使者要求覲見漢武帝。使者告訴漢武帝，可以將自己之前代表國家進貢的香料取一顆來燃燒，必有驅疫的奇效。漢武帝不願相信，可是情勢所逼，他也沒有辦法，姑且死馬當作活馬醫吧，於是他照做了。

當難看的香料被點燃之後，一股奇香迅速蔓延開來，宮中染上時疫的宮人病情竟然很快好轉。更為神奇的是，這個香一直在燃燒，整個長安城中都彌漫著這股獨特的香氣，整整九個月都不曾散去，而城裡得了時疫的人都恢復了。

神奇的天仙椒

這回漢武帝可不敢小瞧外地進貢的其貌不揚的香料了。不但給了使者賞賜，還讓其往弱水國帶去了很多中原的稀世珍寶。

從這以後，更是掀起了附屬國向大漢朝進貢香料物寶的風潮。比如丹丹國敬奉的香料，在長安飄雪的大寒之際點燃，室內頓時一片溫暖，聞著沁人心脾的香味，周身發熱，人人都要脫去外套呢。

到了漢靈帝時期，也有文獻記載，西域進獻的茵墀香，是專門供後宮嬪妃泡澡用的。據說取一小顆茵墀香放到水中煮沸，然後添加到浴池中，頓時滿室飄香，美女們在這樣的湯水中沐浴，身上久久留香。這後宮沐浴過的水是統一流經一條渠排到宮外的，因為妃嬪們都使用香薰煮水泡澡，以至於這條渠流出的水都香氣逼人，宮人們客氣地稱呼其為「流香渠」。

當成品的香薰已經成為宮廷時尚，而且也是常用的東西之後，人們開始將目光轉向香料的收集和製作上。沒辦法，不管在哪朝哪代，都有激烈的競爭，你要是不主動學習一點新本事，認識點新東西，在皇帝面前多說上幾句話，還是覺得生活沒有保障啊。

看咱們東方朔先生就懂得很多。

漢武帝派遣趙破奴將軍出兵匈奴，打了勝仗之後，趙將軍還帶回了匈奴的一種稀罕植物。據他描述說，在匈奴，有一座非常高的山，但是山上沒有一草一木，完全由紅色的岩石構成，山間有一個湖泊，看上去非常美麗。在湖泊周圍，生長著一種山椒，形狀像彈丸一樣，而且有奇香，幾里之外都能聞到。這種山椒一成熟，就會有五色的赭爾鳥從天際飛來啄食，場面甚是美麗。而且聽聞當地人介紹，這赭爾鳥就是鳳凰的後代，由此更襯托了這種山椒的奇特和珍貴。

可是，趙將軍只知道這東西稀奇，卻不知能派上什麼用場，而且摘下來的新鮮山椒放壞了可怎麼好？著急的他趕緊去找博學多才的東方朔先生打聽。東方朔果然是無所不知，他一眼就認出了這個東西。然後告訴趙將軍說：「這個東西叫作天仙椒，產於遠隔千里的塞外，能夠招攬鳳凰。」

漢武帝一聽高興了，趕緊命人將此物栽種在了太液池，悉心照料。可惜的是這東西實在生長得太慢，直到漢元帝時期，才開花結果。事情也果然如東方朔所說，生長出來的天仙椒異香撲鼻傳千里，招來了很多奇異美麗的鳥。

各有各的追求

前面說過，妃嬪們可是香薰的忠實擁躉，而且大家各盡其能，力求尋覓與眾不同的香料。除了煮湯沐浴之外，焚香熏衣也是常用的手法。香薰的品質好，香味獨特而且持久性強，自然要受到好評。

咱都知道趙飛燕的名號，但別以為她獨佔寵愛是輕而易舉的事情，在競爭激烈的後宮，想獲得皇帝的長期恩寵，還是需要手段和頭腦的。她苦心練習舞蹈，節食減肥只是眾多方法中的兩項，讓自己香噴噴才能讓皇帝迷醉啊！而這可是一項浩大的工程。

首先，洗澡的整池湯水都清香宜人，待泡完澡之後，她還要靜靜地打坐，在周身燃遍香料，熏得每一個細胞都充滿香氣。這還不算完，宮廷中自有能夠擦拭全身的香粉，不但味道好，而且還有美白潤膚的作用。熏完香之後再抹上幾遍宮廷潤膚乳，當真是惹人愛呀。

不但如此，她的坐墊、床墊裡面也填滿了柔軟的香料，有著「一坐此席，餘香百日不歇」的效果，其他妃嬪也爭相效仿。哎，大家都不容易，為了得到皇帝的寵愛，真是拚了呢！

嬪妃們追逐的是香料的迷人程度，而王公貴族們更講究的是香料的藥效。當然，這藥效就廣了去了，醫病是小事，能保長生不老才是大事。

《通典・職官典・尚書上・歷代郎官》上記載了一個故事。說當時的侍中刁存年老體弱卻仍堅守在崗位上，每天給皇帝彙報國事。可是這人老了消化系統自然很差，積食宿便就很容易導致口臭，刁存每天近距離和皇帝說話，這口臭真是把皇帝折磨得不行了。

人家盡忠職守，忠君愛國，皇帝心裡是清楚的，總不能因為點口臭就指責老人家，傷了人家的自尊吧。於是皇帝想了個迂回的策略，賞賜了刁存一些外面進貢來的雞舌香。老人家如獲至寶，每天起床都含著這個雞舌香來工作。說來這個香料藥效果真是好，老頭子一開口說話，滿室都能聞見淡淡的清香，以至於同僚們都給尚書省取了個別名「含香署」。

還有一種從波戈國進貢來的荼蕪香也頗為神奇。據說這種香在焚燒的時候，熏到衣服上，香氣久久不會散去；用香灰撒在地上，土石都是它的香味；如若將其撒在腐草或朽木之上，草木皆會重新生根發芽，茂密生長；如果點燃了熏老朽了的枯骨頭，則骨頭周圍的肌肉會生長起來。

雖然誇張了些，但在宮廷內的確風靡了很久。別忘了，追求返老還童、長生不死的理念，可是漢朝的通病呀。

香薰雖好，但長期聞著這些味道，估計嗅覺系統也會受到侵蝕，對別的氣味就不那麼敏感了。也不知道漢朝宮廷中定期體檢的時候，驗不驗嗅覺呢？

第 四 章

對外交往不容易

屹立東方的大漢，曾經是全球仰慕的天朝上國，
它如此雄壯，令人自豪。
那隨著塞外風煙和親而去的大漢公主，
那不辱使命的大漢使節們，
那延伸至遙遠西域的絲綢之路開拓者們，
每一位都是大漢的英雄。
是他們將帝國風姿帶到了世界各地，讓它的威名傳遍四海。
走出去，看看大漢如何打造自己的世界品牌！

十九

太尷尬！匈奴單于寫給呂后的情書

——漢朝和匈奴的和與戰

俗話說，寡婦門前是非多，出名的女人做了寡婦，門前是非就更多了，在古代，全國最有名的寡婦莫過於當朝皇帝的親媽——太后。所以，歷史上老皇帝一命嗚呼之後，小皇帝年幼無知，獨守空房的太后搞點花邊新聞，一直為人們津津樂道。

一封情書引發的風波

漢高祖劉邦死後，四十多歲的呂后臨朝聽政，成了大漢朝權力最大、地位最高的寡婦。儘管呂后權傾天下，朝堂上無人敢違抗她的命令，但是在民間，關於她的緋聞卻是不絕於耳，尤其是她的身邊一直跟著一位超級暖男，更是給人們茶餘飯後提供了不少談資。

不過，呂后與審食其之間的種種故事，終究只是傳說，畢竟誰也沒有捉住二人實實在在的把柄。不過，呂后與一位匈奴單于之間的「緋聞」卻是千真萬確，而且被記錄在了官方的歷史檔案中。

據《漢書》記載，呂后執政時期，匈奴冒頓單于寄來一封信，信曰：「孤僨之君，生於沮澤之中，長於平野牛馬之域，數至邊境，願遊中國。陛下獨立，孤僨獨居，兩主不樂，無以自虞，願以所有，易其所無。」大意就是，我沒老婆，妳也死了丈夫，不如咱倆湊一對。

收到這封言辭極為傲慢、輕佻的書信後，呂后勃然大怒，隨後召集丞相陳平以及大將樊噲、季布等人，商議要發兵進攻匈奴。急脾氣的樊噲當即表示，願意領十萬精兵，掃平匈奴。季布則說，憑高帝那樣的賢明英武，領兵四十萬尚且在白登被包圍受困，現在我們以十萬精兵又如何能掃平匈奴呢？

聽了這番話，呂后儘管難消心頭怒火，但也不得不冷靜地思考得失利弊。最後她決定忍辱負重，命令大臣回信給單于，信曰：「單于不忘弊邑，賜之以書，弊邑恐懼。退而自圖，年老氣衰，髮齒墮落，行步失度，單于過聽，不足以自汙。弊邑無罪，宜在見赦。竊有御車二乘，馬二駟，以奉常駕。」

「冒頓得書，復使使來謝曰：『未嘗聞中國禮義，陛下幸而赦之。』因獻馬，遂和親。」

白登之圍與漢初和親

匈奴作為漢朝最大的競爭對手，對匈是和是戰，始終左右著漢朝的戰略方向。高祖六年（西元前二〇一），漢初七位異姓王之一的韓王信在大同地區叛亂，並勾結匈奴企圖攻打太原。

漢高祖劉邦親自率領三十二萬大軍迎擊匈奴，漢軍在銅鞮（今山西沁縣）擊潰匈奴與韓王信聯軍，隨後乘勝追擊直至樓煩（今山西寧武）一帶，韓王信部雖然死傷慘重，但是匈奴騎兵來去如風，並未受到太大損失。

時值寒冬天氣，天降大雪，劉邦不顧前哨探軍劉敬的勸解阻攔，親率騎兵，一路追擊至大同平城，與漢軍主力步兵脫離。冒頓單于立即指揮匈奴三十餘萬騎兵，截斷了漢軍步兵主力，將劉邦的兵馬圍困在白登山。

劉邦和他的先頭部隊，被圍困於平城白登山達七天七夜之久，完全和主力部隊斷絕了聯繫。後來，劉邦採用陳平的計謀，向冒頓單于的閼氏行賄，才得以脫險。「白登之圍」後，劉邦認識到僅以武力手段解決與匈奴的爭端不可取。

齊國人婁敬向劉邦建議，以「和親」政策維持與匈奴之間的和平。婁敬認為，冒頓單于只要活著，即為漢朝的女婿；冒頓死後，新單于則為漢朝外孫，外孫必然不敢與外公分庭抗禮。劉邦聽從了婁敬的建議，選取宗室女子，冊封為公主，同時派婁敬為使者與匈奴締結和親。這就是西漢與匈奴的第一次和親。婁敬也因此被劉邦賜姓劉氏。

為了用漢匈姻親關係和相當數目的財物來換取匈奴停止對漢邊境的掠奪，以便爭取時間休養生息，增強國力，劉邦死後，惠帝、文帝、景帝繼續執行和親政策，先後向匈奴單于冒頓、老上、軍臣遣送公主，並奉送大批財物。

然而，漢初的和親政策雖然一定程度上緩和了局勢，但並沒有收到預期的效果。匈奴的南下入侵並沒有停止。文帝三年（西元前一七七），匈奴入河南地，侵上郡，殺掠人民；文帝十四年（西元前一六六），匈奴入朝那、蕭關，殺北地都尉，擄掠人民畜產，其先鋒人馬火焚大漢回中宮，遠哨鐵騎逼近長安；西元前一六六至西元前一六二年的五年裡，匈奴每年入侵漢邊境。直到漢景帝時期，西漢國力日漸強盛，匈奴才停止了大規模的南下入侵行動，但是小規模騷擾劫掠仍然不斷。

漢武帝對匈作戰

漢武帝時期，西漢王朝經七十餘年休養生息，國力強盛，社會安定，軍事力量日漸崛起。與之相對應的是，匈奴王庭政變不斷，雖然實力仍舊不容小覷，但是已不復冒頓單于時代「控弦之士四十萬」之勢。

此消彼長之下，漢朝已經有了與匈奴抗衡的力量，幾十年的積怨，使得漢匈之間的決戰不可避免。於是，漢武帝廢和親政策，集中力量對匈奴進行軍事打擊，它意味著漢匈關係開始發生新的轉變。

武帝建元三年（西元前一三八），大行令王恢獻策，建議以邊城馬邑詐降作為誘餌，將匈奴騎兵主力引誘至此，將其圍殲，以報高祖白登圍城之辱。武帝接受王恢建議，起兵三十萬在馬邑周圍設伏。結果，這個並不算太高明的計策被匈奴識破，匈奴騎兵迅速撤退，圍殲計畫破局。

馬邑事件之後，漢匈關係徹底破裂，由此拉開了漢朝對匈作戰的序幕。此後，漢軍與匈奴多次交戰，決勝之戰共有三次。

元朔二年（西元前一二七），漢武帝派大將衛青率騎兵出雲中，採用「迂回側擊」戰術，繞到匈奴軍的後方，切斷了駐守河南地的匈奴白羊王、樓煩王與王庭的聯擊。隨後，衛青親率精騎，飛兵南下，大敗白羊王、樓煩王。活捉敵兵數千人，斬敵無數，奪取牲畜數百萬之多，收復河套地區。

元狩二年（西元前一二一），霍去病等兩次由隴西、北地出擊匈奴各部，深入河西走廊，捕斬匈奴混邪王子、相國、都尉等百餘人，士兵四萬多人，大勝。

元狩四年（西元前一一九），大將軍衛青、驃騎將軍霍去病各率五萬精騎及數十萬步兵、輜重隊伍，越沙漠尋殲匈奴主力。此役，衛青大軍出塞一千多里，與匈奴單于主力遭遇，大敗匈奴主力，俘獲和斬殺敵兵一萬九千人。

驃騎將軍霍去病北進兩千多里，與匈奴左賢王部接戰，殲敵七萬零四百人，俘虜匈奴屯頭王、韓王等三人及將軍、相國、當戶、都尉等八十三人，乘勝追殺至狼居胥山，在狼居胥山舉行了祭天封禮，在姑衍山舉行了祭地禪禮，兵鋒一直逼至瀚海。經此一役，匈奴王庭遠遁漠北，西漢建國以來近百年的匈奴邊患問題基本解除。

昭君出塞與匈奴結局

牆倒眾人推，全盛之時，匈奴稱霸草原，不僅時常劫掠漢朝，對其他游牧民族也是多有壓迫。匈奴遭到漢朝毀滅性打擊後，其他長期受匈奴欺壓的民族也紛紛「補刀」。漢宣帝時期，匈奴遭鄰國多次攻擊，「人民死者十三，畜產十五」，屬國解體。

因戰爭、天災、領土及人口的減少，匈奴處境日益困窘，內部紛爭開始激化，以至出現五單于爭立的局面，戰亂不已。五單于之一呼韓邪單于在匈奴內戰中被郅支單于擊敗，於是南下投靠漢朝。宣帝甘露元年（西元前五三），呼韓邪遣子右賢王入漢作「質子」；甘露三年（西元前五一），呼韓邪親自到長安朝覲宣帝。

漢元帝建昭三年（西元前三六），西域副校尉陳湯率兵與西域諸國聯軍攻殺遠逃至康居的郅支單于。消息從西域傳來之後，呼韓邪既喜又怕，喜的是多年的對頭已滅，怕的是漢朝會將他視為下一個打擊的目標。出於安全考慮，呼韓邪單于於漢元帝竟寧元年（西元前三三）再次入朝長安，提出了與漢室通婚結為親戚的願望。

漢元帝答應了呼韓邪單于的要求，以宮女、待詔掖庭的王嬙（王昭君）賜予呼韓邪單于。呼韓邪即以其為「寧胡閼氏」。其後百餘年間，漢匈和平相處。歷史記載這一時期，「邊域晏閉，牛馬布野，三世無犬吠之警，黎庶無干戈之役」。

東漢年間，匈奴分裂為南匈奴、北匈奴兩部，南匈奴成為漢朝藩屬，被安置在漢朝的河套地區，而北匈奴留居漠北。其後，東漢兩次對北匈奴大規模用兵，北匈奴西遁中亞，不知所終。

二十 窮遊西域，樓蘭、烏孫、姑師、精絕挨個逛

——那些消逝的古國

世界那麼大，你想不想去看看？對於生活在漢朝的人來說，習慣了中原地區的生活之後，來場說走就走的旅行，西出陽關，遊歷西域各國，去見識一下那裡的異域風情，領略大漠孤煙的壯美景色，絕對是一次終生難忘的旅行。

羅布泊畔樓蘭城

西域，顧名思義，意為「帝國西方的疆域」，玉門關、陽關以西，蔥嶺以東的廣闊地域，都屬於西域的範疇。漢武帝以前，西域小國林立，據記載，武帝時期西域共有三十六國之多，天山以北的一些小國多受到匈奴的控制和奴役。

從漢武帝時起西域各國歸附漢朝，正式被納入版圖之內。漢宣帝時期，漢朝在此設西域都護府，名為烏壘城，漢朝直接管理西域三十六國的政治、經濟、文化和軍事事務，當時西域都護由皇帝親自任命，任期三年，從未間斷。

樓蘭，西域最重要的城邦國家之一，《漢書》中記載樓蘭：「去陽關千六百里，去長安六千一百里。戶千五百七十，口四萬四千一百。」

它東接敦煌，西北到焉耆、尉犁，西南到若羌、且末，「絲綢之路」的南、北兩道便在此分道，是漢王朝通往西域其他各國的必經之路，因此戰略位置十分重要。

漢武帝初期，樓蘭作為匈奴耳目，經常幫助匈奴與漢朝為敵。元封三年（西元前一〇八），漢派兵討樓蘭，俘獲其王，樓蘭即降漢。樓蘭投降漢朝之後，又遭到匈奴的攻擊，只好分別向漢朝和匈奴派遣「質子」，兩面稱臣。後來，曾在匈奴做人質的王子安歸被立為樓蘭王，於是樓蘭倒向匈奴，成為漢朝心腹大患。昭帝元鳳四年（西元前七七），漢遣傅介子到樓蘭，刺殺安歸，立尉屠耆為王，改國名為鄯善。

由於地處沙漠地帶，樓蘭古城位於羅布泊的西北角，北望孔雀河，屬於典型的沙漠綠洲景觀。漢朝時期，人們來到樓蘭，盡可賞沙漠綠洲，望羅布泊、孔雀河水波漣漣，看沙漠駝隊、絲綢之路，直通極西之地。

縱馬伊犁河畔

烏孫人是漢朝時期大草原上的一支重要民族，漢朝初年，烏孫人與月氏人一同在敦煌、祁連之間遊牧生息。由於牧場相鄰，烏孫人和月氏人之間爭戰不斷，後來烏孫王難兜靡被月氏人攻殺，難兜靡的兒子獵驕靡由匈奴冒頓單于收養成人，後來獵驕靡在匈奴幫助下擊敗月氏得以復國，月氏戰敗西遷至伊犁河流域。

後來，匈奴與烏孫再次聯手，進攻已經遷往伊犁河流域的月氏，月氏不敵，南遷大夏境內。佔據了月氏人在伊犁河流域的牧場之後，烏孫人便放棄了敦煌祁連間的故土，將部族遷徙至此。從此烏孫日益強大，並且逐漸擺脫了匈奴的控制。

據記載，東起瑪納斯河，西到巴爾喀什湖及塔拉斯河中游，北到塔爾巴哈台，南至天山山腳，這片遼闊的草原，均是當時烏孫人的牧場。

烏孫人以遊牧的畜牧業為主，兼營狩獵，不事農耕，養馬業特別繁盛。張騫第二次出使西域到烏孫，回程時，烏孫國王獵驕靡曾派遣使者攜帶禮品及馬數十匹前往中原。漢朝時期，中原人前往烏孫遊歷，最不能錯過的娛樂項目便是草原狩獵，縱馬伊犁河畔，賞天山雪景。

◉「吃貨」聖地姑師

漢代西域三十六國中，建國於羅布泊西北部的樓蘭，距離玉門關最近，是漢王朝進入西域的最重要關口。而建都於吐魯番盆地，掌控羅布泊以東、以北直到天山一帶廣闊地區的姑師國，則是匈奴控制西域的門戶。它北臨匈奴，東為漢朝派出的戊己校尉、西南為西域的城邦諸國。

漢朝經營西域各國，能否控制姑師是其中的關鍵。漢武帝元封三年（西元前一〇八），漢大將趙破奴及大行令王恢率騎數萬克樓蘭破姑師，隨後漢朝將姑師改為車師，並將其拆分為八個國家，即車師前國、車師後國和山北六國。

根據歷史記載，姑師人並不是逐水草而徙的遊牧民，而是過著半定居的畜牧、農耕生活。張騫出使西域回來後，稱姑師人「頗知田作」。

現在，吐魯番地區以出產水果而聞名，想必在二千多年前的漢朝，姑師人也已經掌握了果樹的栽培技術，當時從西域傳來的各類水果，必定有很大一部分是從姑師而來。由此推測，姑師在當時，肯定是不少中原地區來的「吃貨」的首選旅遊地。

沙漠明珠精絕城

精絕，這是一個建國於絲綢之路南道上的城邦小國，《史記》記載：「精絕國，王治精絕城，去長安八千八百二十里，戶四百八十，口三千三百六十，勝兵五百人。」這個僅有三千三百六十人的小國，雖然算得上是超級袖珍國家了，但是由於守著東西方交通命脈——絲綢之路，因而殷實富庶。

精絕城位於尼雅河畔的一處綠洲之上，以農業為主，由於水資源的寶貴，當年精絕人對水的管理和使用、樹木的保護都有一套嚴格的管理辦法。水的使用是有償的，由專人分管。若因管理不善，導致損失是要受懲罰的。

由於精絕人在這片綠洲中苦心經營，精絕城成了絲綢之路上的一顆璀璨明珠。且因扼守絲綢之路，二千多年前的精絕城，必然是商旅雲集、繁榮異常。為了供過往客商消遣娛樂，暫時放下旅途中的疲憊，精絕城內各種服務、娛樂行業必然也是異常發達，中原及西域的歌伎應有盡有。

可以想像的是，建城於沙漠綠洲之中的精絕，必然是堪比今天拉斯維加斯的沙漠明珠。

二十一 從使臣混成牧羊人的蘇武
——外交使臣不好當

現在如果做一項問卷調查的話，外交使節絕對能夠位列十大高富帥職業排行榜。帥氣的外表、優雅的談吐、流利的外語，再加上時常遊歷各國、會見高官政要的工作性質，絕對能夠迷倒萬千少女。可是，在漢朝，如果你「有幸」出任使臣的話，那情況可能就不容樂觀了。

出使匈奴

雄才大略的漢武大帝登基以後，漢朝對匈奴的自衛反擊戰逐漸拉開序幕。戰場上打歸打，但雙方交流溝通還不能停。一方面是洽談交換戰俘、休戰等事宜，另一方面也是借著使臣來往訪問刺探敵人軍情。

雖說，使臣兼任情報人員不能是常有的事情，但是一旦被敵人抓個正著，難免就要遭受敵方扣押。在漢匈交戰期間，匈奴扣留了漢使郭吉、路充國等前後十餘批人，漢朝也扣留匈奴使節以相抵。

漢武帝天漢元年（西元前一〇〇），匈奴且鞮侯單于繼位，此時距離伊稚斜單于被衛青擊敗逃亡漠北，已經過去十九年了，匈奴實力大不如前。新繼位的且鞮侯單于地位不穩，擔心遭到漢朝進攻，於是主動向漢朝示好。他不僅送還了之前扣押的漢使，還在公開場合表示，論輩分，我是漢朝天子的晚輩，理應尊敬長輩。

且鞮侯單于這些頗識時務的行為，極大地滿足了愛面子的漢武帝的虛榮心，於是武帝遣蘇武以中郎將的身分，持節護送扣留在漢的匈奴使者回國。於是，漢朝歷史上最著名的使臣蘇武就此登上了舞臺。

收到皇帝的任命書之後，蘇武同副中郎將張勝及臨時委派的使臣常惠等人，在長安臨時招募士卒、斥候百餘人，啟程前往匈奴。幾個月後，蘇武一行人抵達匈奴，交還了被漢朝扣留的匈奴使者，同時還送上了漢武帝賜予且鞮侯單于的禮物。也許是由於單于之位已經坐穩，又或者是因為漢朝的示好，讓他有點飄飄然起來，總之且鞮侯單于在見到漢使之後的表現並不那麼讓人滿意，但總體而言，這次訪問還算順利。

捲入政變

就在且鞮侯單于安排使節護送蘇武等人回漢朝的時候，匈奴內部的一場叛亂行動卻在悄然醞釀。衛律本是生長於漢朝的匈奴人，曾經擔任漢使出使匈奴，後來由於捲入漢朝內部政治鬥爭，於是帶領部下投靠匈奴。

匈奴貴族緱王與漢人虞常，被迫與衛律一起投靠匈奴，他們暗中策劃綁架單于的母親以歸漢朝，正好碰上蘇武一行人出使匈奴。虞常在漢朝的時候，與副中郎將張勝私交甚密，他私下拜訪張勝，表示自己願意射殺一直被漢武帝所怨恨的衛律，以求得皇帝的賞賜。張勝許以虞常大量財物，支持他發動叛亂。就這樣，在蘇武毫不知情的情況下，漢朝使團捲入了匈奴內部的叛亂。

然而，不怕神一樣的對手，就怕豬一樣的隊友，就在緱王與虞常等人策劃的政變還沒發動的時候，隊伍裡就出了個叛徒，將政變的計畫一股腦報告給了匈奴。最終，緱王戰死，虞常被擒，單于派衛律審理此案。

張勝聽到消息，擔心和虞常所說的話被揭發，便把事情告訴了蘇武。蘇武說：「事情已經發生了，一定會牽連到我。如果我受到了侵害，就更加對不起國家了。」於是想自殺。張勝、常惠制止了他。虞常在審訊中果然供出張勝。

單于大怒，派衛律召喚蘇武來受審訊。蘇武說：「屈節辱命，即使活著，有什麼面目歸漢！」說著便要拔刀自刎。多虧匈奴醫生的醫術還算高明，把本已斷氣的蘇武從鬼門關救了回來。蘇武此番有勇氣、有節操的舉動，令單于大為欽佩，於是他萌生了將這位鐵血真漢子收入帳下的想法。

蘇武傷勢好轉之後，單于一方面派遣使者早晚探望，勸其投降匈奴；一方面緊鑼密鼓地審訊虞常、張勝等人，軟硬兼施，威逼利誘蘇武投降。

北海牧羊

這天，叛亂事件審理結束，虞常被判死刑，衛律親手揮劍斬殺虞常後宣佈，漢使張勝參與叛亂，投降免死，於是張勝請降。隨後衛律以死威脅蘇武投降，結果蘇武仍不為所動。衛律知道蘇武不可脅迫，報告了單于。越是得不到的東西，就越想得到，面對軟硬不吃的蘇武，單于越發想讓他投降。

於是，且鞮侯單于使出了草原上熬鷹的法子，將蘇武囚禁於地窖內，不給他吃喝，結果蘇武就著地窖內的積雪與氈毛一起吞下，熬了好多天。沒了法子的且鞮侯單于下令將蘇武流放到北海，讓他放牧公羊，等到公羊產崽便允許蘇武歸漢。

蘇武到了北海，沒有糧食供應，只能掘野鼠儲藏的糧食吃。蘇武拄著漢節牧羊，起居都拿著，以致漢節上的毛全部脫落。

武帝天漢二年（西元前九九），漢將李陵投降匈奴，單于派李陵去北海，為蘇武設酒宴歌舞勸降蘇武。他鄉遇故知，本是人生喜事，但是這二人，一人身為階下囚，另一人則是敗兵降將，再豐盛的宴席，吃得也是食不甘味。

酒宴上，李陵為蘇武帶來了家鄉的消息，蘇武被扣在匈奴的這些年，他的兄長蘇嘉做奉車都尉，隨從聖駕至雍地的棫陽宮，扶輦下除，撞到柱子折斷車轅，被指控為大不敬，伏劍自刎。蘇武的弟弟蘇賢，被皇帝委派追捕害死駙馬的宦官，結果未能完成任務，服毒自殺。蘇武的母親也已去世，妻子早就改嫁。

「人生苦短，譬如朝露，你何苦為難自己呢？就降了匈奴吧。」李陵一把鼻涕一把淚地勸說道。

已經多年和家鄉沒有任何聯繫的蘇武，聽到李陵帶來的消息，心中悲痛萬分，但依舊不為所動。李陵想要繼續勸說蘇武，結果蘇武以死相逼，李陵見蘇武剛直不屈，喟然長歎、淚沾衣襟，訣別而去。幾年後，漢武帝駕崩的消息傳到北海，蘇武聽說之後面向南方，痛哭流涕，以至吐血。此後數月間，蘇武每天早晚哭弔武帝。

蘇武歸漢

昭帝即位之後，匈奴和漢朝達成和議。漢朝尋求蘇武等人，匈奴謊稱蘇武已死。後漢使又到匈奴，蘇武曾經的部下常惠祕密會見漢使，原原本本地述說了這幾年在匈奴的情況。後來漢使面見單于時編了一個極為傳奇的故事：漢天子在上林苑中射獵，射得一隻大雁，雁腳上繫著帛書，上說蘇武等人在北海。

聽了這個故事之後，單于驚訝異常，不得不向漢使道歉，並告知漢使，蘇武等人的確還活著。隨後，單于召集蘇武的部下，除了以前已經投降和死亡的，當初隨蘇武一同出使匈奴的一百多人，最終還剩下九人。

昭帝始元六年（西元前八一）春，闊別漢朝十九年的蘇武終於回到了魂牽夢縈的長安。

二十二 帶上絲綢，跟著甘英去趟古羅馬

——打通絲綢之路

華夏民族崛起於中原地區，其後千百年間，東方一直都是發展的主流方向。至於西方，雖然與中國也有聯繫，但是生活在東方的華夏民族，對那片土地並不十分瞭解，有的只是從西方販運而來的精美玉石，以及那些亦真亦假的傳說故事。直到漢朝立國數十年後，華夏民族終於將目光投向了西方。

玉石之路

早在夏商周青銅時代之前，中原地區同西域就已經有了交流，那時候東西之間貿易交往的主要商品便是玉石。

早在一萬多年前，在華夏大地上生息繁衍的先民們，就已經從普通的石塊中發現了精美絕倫的玉石。從那時候起，玉文化就成了華夏文明中不可或缺的重要一環。而當時最重要的玉石產地便在西域，延續萬年的玉石之路，正是沙漠絲綢之路的前身。

到了三千多年前的周代，中國誕生了一位上古時代最富傳奇色彩的君主——周穆王。周穆王是西周的第五位君主，世稱穆天子，在傳世的《穆天子傳》中，記錄了這位「冒險王」曾經駕駛八駿馬車西巡遊獵的故事。

穆王從西周國都城鎬京出發，一路向西，途經甘肅、青海和新疆，抵達昆侖山西麓，在那裡穆天子邂逅了當地的一位女性首領——西王母，二人擦出了一段愛情的火花。

因為沉醉於美人的溫柔鄉，穆天子在昆侖山盤桓數載，直到後來，國內發生叛亂，穆天子才在大臣們的勸說下起駕回國。臨走的時候，西王母贈給穆天子八車寶石，周穆王返途中，又在一些采玉、琢玉的部落處獲取不少玉石，滿載而歸。

儘管後人對這個故事的真實性表示懷疑，但是這也在一定程度上證明，中原地區與西域一直交往不斷。

鑿空之行

秦漢之交，北方草原上的匈奴強盛起來。漢朝時，西域諸國被匈奴控制，中原同西域之間的聯繫被隔斷。漢武帝時期，由於對匈作戰的需要，漢王朝對西域重新重視起來。漢武帝打聽到，西遷的大月氏與匈奴積怨頗深，一直有報復匈奴之意，於是便打算派人出使大月氏，聯絡他們東西夾攻匈奴。漢中人張騫以郎官身分應募。

建元二年（西元前一三九），張騫率領他招募到的一支百餘人的隊伍從長安出發了，由於當時的西域還處在匈奴的控制之下，而想要抵達大月氏，就必然要經過匈奴的勢力範圍。

結果，張騫一行人毫無意外地被匈奴人俘獲，他們在匈奴一待就是十幾年，其間張騫還在匈奴娶妻生子。看到張騫已經在草原上安家落戶，匈奴人漸漸對他放鬆了警惕，畢竟十多年過去了，當年的漢人張騫，如今跟匈奴草原上的牧民也沒啥區別了。不承想，張騫心裡卻一直沒有放下自己的職責和使命。

後來，張騫終於尋機逃脫，西行數十日最終到達大月氏領地。然而，這時大月氏已經西遷多年，早已沒有了報復匈奴的打算。儘管張騫此行並沒有完成與大月氏聯盟的戰略目標，卻得到了研究西域風土人情、國際局勢的第一手資料。

一年以後，張騫踏上東歸的道路，結果途中再次被匈奴俘獲，扣留了一年多，直到匈奴單于死亡，國內大亂，張騫才趁機逃脫，而且這一次他還帶上了自己的匈奴媳婦和兒女，當真是讓匈奴人「賠了夫人又折兵」。

元朔三年（西元前一二六），離開長安十四年後，張騫終於返回了大漢。張騫此行，雖未達到目的，但獲得了大量西域的資料，張騫本人也受到了漢武帝的賞賜，被封為太中大夫，太史令司馬遷稱張騫此行為「鑿空」。

西域都護

張騫歸國五年之後，驃騎將軍霍去病率兵兩度出擊河西走廊，大破匈奴，漢朝一舉控制河西地區，打通了中原與西域之間的交通道路。匈奴為此悲歌：「失我祁連山，使我六畜不蕃息；失我焉支山，使我嫁婦無顏色。」

河西走廊打通之後，張騫上書漢武帝，建議聯絡西域強國烏孫，以斷匈奴右臂。元狩四年（西元前一一九），張騫再次出使西域，意欲招引遷居伊犁河畔的烏孫返回其河西故地。

對於農耕的漢民族來說，故土之情最難以割捨，但是對於逐水草而居的遊牧民族來說，哪裡有豐美的草場、甘甜的河流，哪裡就是他們的家，所以在伊犁河畔安居樂業的烏孫人並沒有回老家的念頭，張騫此行的目的再次落空。

不過，這一次張騫也並非全無收穫，他派遣數名副使，前往西域其他國家，宣揚漢威。元鼎二年（西元前一一五），張騫返回漢朝，烏孫使者與之隨行。當看到了大漢的強盛、長安的富庶之後，烏孫使者大為震驚。烏孫使者回國之後，將漢朝的情況報告給了國王，其後烏孫漸漸倒向大漢陣營。

元封三年（西元前一〇八），漢軍破樓蘭、降姑師；元封六年（西元前一〇五），西漢與烏孫王和親；後來，漢武帝又派李廣利領兵數次進攻大宛，在付出沉重代價後，攻破大宛都城，通往西域的「絲綢之路」至此全線暢通。

漢武帝太初四年（西元前一〇一），漢武帝在輪台和渠犁設立了使者校尉，管理西域的屯田事務；神爵二年（西元前六〇），西漢政府設置了西域都護府。從此，今新疆地區開始隸屬中央的管轄，成為中國不可分割的一部分。

東西建交

西漢末年，由於國內局勢混亂，中央政府無力經營西域，王莽政權上臺之後，絲綢之路中斷。直至漢明帝永平十六年（七三），奉車都尉竇固率兵出擊北匈奴，其間竇固派遣班超出使西域，由此拉開了東漢王朝重新經營西域的序幕。

班超率吏士三十六人，鎮服鄯善（樓蘭），收歸于闐，重新打通隔絕五十八年的絲綢之路，其後東漢政府重建西域都護府，正式任命班超為西域都護。班超苦心經營三十年，最終西域諸國重新歸附漢朝中央政府。

漢和帝永元九年（九七），班超派副使甘英出使大秦（羅馬帝國），一直到達波斯灣沿岸，臨海欲渡之際，由於安息海商的婉言阻攔，未能繼續前行。

漢和帝永元十二年（一〇〇），大秦屬國的蒙奇兜訥（羅馬帝國統治下的馬其頓行省）遣使抵達東都洛陽，向漢和帝進獻禮物，漢和帝厚待使者，賜予紫綬金印，這是羅馬帝國與中國通使交往的最早記載。半個多世紀之後，大秦王安敦派使者來洛陽，朝見漢桓帝，標誌著中西方文化交往的開始，東西方兩大帝國外交關係正式建立。

長知識——絲綢之路傳播的物品

現在，我們常見的葡萄、苜蓿、胡麻、黃瓜、胡椒、胡桃等，據說都是張騫所帶回來的東西。透過張騫所開闢的這條通商道路傳來了各種各樣的東西，漢武帝所喜愛的大宛馬自不必說，還有地毯、毛織物、藍寶石、金銀器、玻璃製品、珍珠、土耳其石，以及羅馬、波斯的銀幣等，此外還有西元前後由中亞傳來的佛教，以及漢明帝時由西域來訪的僧侶所翻譯的佛經、建造的寺院等。另外，中國產的絲織品、瓷器、漆器等也傳到了西方。

二十三 兩漢通西域的稀奇事兒

——漢朝外交趣聞

漢朝是一個民風奮發向上的時代，開疆拓土，遠播漢威，是那個時代無數有志青年的理想。在漢朝外交史上，也誕生了無數值得傳誦千古的趣聞傳奇。

女外交家傳奇

不管是以張騫、蘇武為代表的古代使臣中的「牛人」，還是活躍在國際舞臺上的現代外交家，似乎都以男性居多，不過在漢代，卻有一位傳奇的女性使臣。漢武帝時，為團結一切可以團結的抗匈力量，以宗室女解憂為公主，嫁於烏孫王軍須靡，馮嫽作為解憂公主的侍女同往烏孫。年輕的馮嫽生性聰慧，來到烏孫之後沒幾年，便已通曉西域的語言文字及風俗習慣。

出使工作什麼最重要？當然是人才！像馮嫽這樣有文化、懂外語，又熟知上層社會禮節的人才，很快就得到了重用。不久，漢朝中央政府任命馮嫽以使節身分代表公主訪問烏孫周圍的各個國家，向各國國王贈封賞，宣漢威。各國君臣見到漢朝的使節是這樣一位奇女子，驚奇之餘，忍不住嘖嘖稱讚，尊稱她為馮夫人。

漢宣帝之際，烏孫發生內亂，漢朝中央政府有意讓解憂公主之子元貴靡繼承王位，不料北山大將烏就屠擁兵自重，自立為王。為平烏孫之亂，宣帝令破羌將軍辛武賢率軍進駐敦煌，準備討伐烏就屠。

西域都護鄭吉擔心漢軍勞師遠征，勝負難料，建議朝廷遣使與烏就屠和談，勸其讓出王位。值此關頭，馮嫽臨危受命。馮嫽與烏就屠本是舊識，她見到烏就屠後，曉之以理、動之以情、震之以漢家天威。烏就屠也自知難敵漢軍，於是答應讓位於公主之子元貴靡。

馮嫽出使告成之後，宣帝異常高興，此奇女子以絕佳之口才，令朝廷得以兵不血刃地平定烏孫內亂，於是詔令馮嫽回國。馮嫽回到故都長安時，宣帝令文武百僚在城郊迎接，這一年距離她陪公主遠嫁烏孫，已經過去四十餘年了，走的時候尚是豆蔻年華，回來的時候已經是兩鬢斑白。

當日，宣帝在宮中接見了馮嫽，她建議朝廷賜烏就屠封號，以安其心。宣帝欣然採納，封馮嫽為正使，竺次、甘延壽為副使，再次出使烏孫。馮嫽乘駟馬錦車返回烏孫，她手持漢節，召烏就屠於赤谷城中，宣詔書，封元貴靡為大昆彌（王號），烏就屠為小昆彌。

兩年後，元貴靡病故，其子星靡即位，年近七十的解憂公主與馮嫽獲准歸國。不料星靡治國無方，烏孫動盪再起。馮嫽身在長安，心掛烏孫，上書宣帝，請求再為漢使。宣帝准奏，選派精騎，護送馮嫽再度出使烏孫。最終在馮嫽的幫助下，星靡終於穩定了烏孫政局。

班超的開掛人生

兩漢時期，西域與中央政府之間的連接通道只有一條狹長的河西走廊，由於交通不便、距離遙遠，中央對西域地區的控制相對薄弱。兩漢之交，時局動盪，中央政權一片混亂，自顧不暇，孤懸玉門關外的西域自然更是無力控制，久而久之，西域地區逐漸脫離中央控制，絲綢之路也隨之中斷。東漢立國之後，國力逐漸強盛，中央政府意欲重新經營西域，再開絲綢之路。

漢明帝永平十六年（七三），年輕的東漢使者班超向著西域出發了，他此行的目的是代表東漢中央政府收復西域三十六國。按正常情況推測，要完成如此重大的戰略目標，必然要領十萬鐵騎，大兵壓境，如此西域各國才會望風而降，一舉定乾坤。但是，班超的手下卻只有區區三十六人，這樣的情況恐怕只能用「坑人」來形容了，但是鐵血真漢子班超沒抱怨、沒牢騷，帶著他的「三十六天罡」上路了。

班超使團的第一站是距離玉門關最近的鄯善（樓蘭），抵達鄯善後，班超一行人受到了熱烈歡迎，國王大擺宴席招待「天使」。結果，班超等人的好日子沒過幾天，就發現鄯善的招待規格在下降。遇事愛多想的班超瞬間化身名偵探，他斷定此事定有蹊蹺。

經過一番偵察，班超果然查到了事情的真相。原來班超一行人抵達鄯善後不久，北匈奴的使者也到了。接著，班超立即召集部下三十六人，飲酒高會。喝到酒醉的時候，班超故意激怒大家說：「你我身處邊地異域，現在北匈奴的使者來了，鄯善王便開始怠慢，一旦鄯善投靠北匈奴，我們就全成了砧板上的魚肉，為今之計，唯有先下手為強。」

這天夜裡，月黑風高，班超率領三十六人，直奔北匈奴使者駐地，發起猛攻。一時間，戰鼓雷動，火光四起，殺聲震天，匈奴人亂作一團，逃遁無門。這一戰，匈奴使者全部被誅滅，班超自己就親手擊殺了三名匈奴人。

第二天，班超請來了鄯善國王，把匈奴使者的首級呈給他看，鄯善王大驚失色，舉國震恐。班超好言撫慰，鄯善王表示願意歸附朝廷，並把自己的王子送到朝廷作為人質。就這樣，班超僅三十多人便平定一國，並由此拉開了東漢重新經營西域的序幕。

舅舅與外甥

所謂「外交無小事」，兩國交往的過程中，稱謂雖然看起來並不重要，實際上卻關係著國家的面子問題，可一點都馬虎不得。先秦時代，華夏民族在東亞地區實力碾壓四鄰，對其他民族當然也不放在眼裡，稱呼上自然也毫無尊重可言。

漢朝初年，情況有了變化，匈奴勢大，漢朝為了積蓄實力，只能一時委曲求全，所以在交往的過程中，也只能放低身分。當時，漢朝在給匈奴的國書中，起首稱謂是「皇帝敬問匈奴大單于無恙」，而匈奴在給漢朝的國書中，起首稱謂則是「天所立匈奴大單于敬問皇帝無恙」。

兩個稱謂一對比，高下立判，而匈奴的稽粥單于為了標榜自己的尊貴身分，甚至用過「天地所生日月所置匈奴大單于敬問漢皇帝無恙」的抬頭，大度的漢文帝並未深究，體現著雙方的交往關係。漢文帝曾經說，我只能負責長城以內，而單于負責長城之外。這種歎息，說的是聖賢以天無二日，王者無外，而我卻不能達到聖王的標準。

武帝時，衛霍北逐匈奴，封狼居胥，稱霸草原百年的匈奴一支俯首稱臣，一支遠遁漠北。此後匈奴與漢朝交往過程中，稱謂也產生了根本性的變化。由於漢朝與匈奴的和親關係，所以日後匈奴單于往往以漢家天子的外甥自稱。西晉時期，匈奴貴族劉淵便以漢朝皇帝外甥的身分，自立為漢王。

直到千年之後，少數民族政權與中原王朝和親，仍舊稱呼漢族皇帝為舅舅。例如，于闐國曾在國書中稱宋朝皇帝為「東方日出處大世界田地主漢家阿舅大官家」。

第 五 章

花樣繁多的娛樂生活

沒有了手機怎麼活？
沒有了 Wi-Fi 怎麼活？
沒有了 KTV 怎麼活？
大漢雖然沒有智慧手機和電子遊戲，
可是日子過得卻豐富多彩。
想試試膽色如何，那就去上林苑獵一隻鹿回來。
想要玩點技巧，那就去樂舞百戲盡展風采。
沒有麻將的日子裡，蹴鞠、鬥雞可不要玩過頭。
「漢朝大娛樂家」，一起瘋起來！

二十四 皇家動物園與天子狩獵場

——上林苑狩獵

雖說中國自古以來就是一個以農耕為主的文明國度，不過上至天子君王，下至平民百姓，對狩獵都不陌生。畢竟，在農耕之前，要想吃頓飽飯可都得靠打獵啊！當然在種地能養活自己和家人之後，打獵就變成了填飽肚子的輔助手段了。農閒的時候，獵手們會選擇進山打獵，這一方面，是維護環境安全，雖然野獸怕人，但野豬什麼的，禍害莊稼也討厭，把牠們趕得遠遠的，大家住著才放心嘛！另一方面，獵到野味，既可以打打牙祭，皮毛之類還能補貼家用，何樂而不為呢？

到了天子君王這裡，狩獵就不僅僅是狩獵了，冷兵器時代，拿什麼來鍛鍊士兵？狩獵啊！拿什麼來宣揚國威武力？狩獵啊！拿什麼來娛樂遊戲？還是狩獵啊！男人嘛，玩的就是心跳！你懂的！

上林舊苑有誰知

從夏朝開始，天子就規定每年必須狩獵四次，順應春夏秋冬四個季節，狩獵也被稱為「田獵」。沒辦法，那個時期的生態環境太好了，野獸遍地都是，為了保證農作物的順利播種和收穫，天子也必須組織起狩獵隊伍，為百姓驅逐農田裡的野獸。

商王和周天子也延續了這個傳統，春秋戰國時期，諸侯甚至以狩獵為由，安排各種軍事演習，以提升軍隊的戰鬥力。

秦始皇統一中原之後，更是大興土木，在遼闊的涇水、渭河之濱修建了奢華的宮殿群落，這就是最初的上林苑。鼎鼎大名的阿房宮，其實只是上林苑的一部分。

可惜，秦代的上林苑被楚霸王的一把火燒了個精光，我們也只能從古代詩文中揣測宮室的宏大與奢華了。漢朝剛立國的時候，國家還不富裕，皇帝的生活也過得非常簡樸，上林苑這麼大片地方，一直荒著也不好，於是皇帝就鼓勵百姓開墾荒地，種田養桑。至於打獵遊戲，當然就大大減少啦。

不過到了漢武帝時期，國家富裕起來，漢武帝本人也是一個愛玩會玩的，經常組織臣下到上林舊地去打獵，一幫官員前呼後擁，把百姓的莊稼都踩壞了不少。這下可捅了大婁子，百姓攔著不守規矩的官員，非得拉他們去見官，「天子腳下，你們也敢亂來！」帶頭的漢武帝那叫一個尷尬啊！

這樣的糗事還不止一件。一次，漢武帝到上林那邊去遊獵，結果興致上來，玩得太晚，趕不回長安了，只好就地找地方休息，可這荒郊野外，除了百姓的茅草屋，哪裡還有別的地方可住呢！老百姓哪裡見過皇帝的真容啊，見到這一大群人前呼後擁，還帶著武器，就把他們當成盜賊來圍攻了。可憐的漢武帝有口難言，只好狼狽回城。

這樣的事出了好幾次，漢武帝越來越覺得上林苑不修不行了，當了皇帝連出門打個獵都找不到住宿，還被當成盜賊，這算什麼事啊！

於是，他決定把上林苑裡面的百姓都遷徙到其他地方去安置，重新將上林苑修整出來。這下可不得了了，舉國之力修建出來的園林，規模遠超過秦朝，並且隨著漢武帝執政時間的延長，奢華程度也大大增加。

不信？給你看看留在詩文中的證據。漢賦大家司馬相如在《上林賦》中寫道：「左蒼梧，右西極。丹水更其南，紫淵徑其北。終始灞滻，出入涇渭，酆鎬潦潏，紆餘委蛇，經營乎其內。蕩蕩乎八川分流，相背而異態。東西南北，馳騖往來，出乎椒丘之闕，行乎洲淤之浦，經乎桂林之中，過乎泱漭之野。」囊括八條河流，可見上林苑之大。此外還用大量的辭藻羅列了上林苑中的景物，高山巍峨，林木高大，樹林裡各種野獸繁衍；大湖浩渺，裡面有眾多魚類和禽鳥；在河流間的草地上，花木芬芳，溫馴和兇猛的野獸都在這裡自由活動。更別提眾多的宮室遍佈在山坡和溪谷間，高大明亮，裝飾著華美的玉石，宛若仙境。

天子遊上林

漢武帝劉徹是有名的享樂主義者，還是帝國頭號人物，舉國上下都為他服務。既然要重建上林苑，當然就得符合「高大上」的標準。在這樣的指導思想下，上林苑的改造工作可謂是如火如荼，熱烈無比。皇帝愛打仗，行！咱們陸軍、水軍都得有個演武場，於是昆明湖被開挖出來。相傳，這人工開挖的淡水湖，規模大得一眼望不到邊，可以容納八層高的樓船進行軍事演練。湖裡養的魚若被打撈出售，能滿足整個長安城的魚市供給。那時候的長安城，可是人口多達二十四萬的世界一流大都市啊！

有了昆明湖，天子的娛樂活動更豐富了，有心情的時候，可以召集後宮美女，來比賽狩獵各種水禽，射野鴨子都顯得檔次不夠，得比賽射天鵝、白鷺、鸕鷀、大雁等體型更大的禽鳥才行。想想看，眾多美女英姿颯爽，手持小弓箭，嬌聲軟語，嬉鬧遊戲，該是何等的風光旖旎啊！

如果不想狩獵，還可以遊湖，登上八層樓高的樓船，早有容貌清麗、衣飾華美的宮女迎接，天子當然坐在上首，臣下分列兩旁，來自全國各地的傑出演奏大師奏起動聽的樂曲，全國最擅長舞蹈的女子則在席前翩翩起舞，舞姿曼妙動人，實在賞心悅目。這當然是天子和近臣才能享受到的頂級娛樂，可不是誰都有資格欣賞到大師的演奏和舞蹈的。只要天子想聽歌舞演奏了，吩咐下去，不到半天就能享受到頂級的宴會與歌舞表演，這就是上林苑皇家歌舞團的職責所在。

除了觀賞美女表演，上林苑還是王公貴族展示勇武的地方。在上林苑，可以參加由天子組織的角抵活動，與來自匈奴、大月氏、樓蘭等西域國家的勇士比武搏鬥，展示天朝上國的強大與勇武。角抵與古羅馬的鬥獸場相類似，人與人鬥，人與猛獸鬥，不過古羅馬鬥獸場一般都是奴隸表演給貴族看，漢朝的角抵鬥士不但有奴隸與猛獸，身分高貴如廣陵王劉胥，也喜歡親自到獸欄裡與野豬、老虎和黑熊搏鬥，享受一把熱血沸騰的快感。在這樣的風氣之下，就連文人也是尚武的，著名的文學大家司馬相如擅長擊劍，有名的謀士王充擅長騎射，經學大師轅固也曾與野豬搏鬥，以刀斃之。

角抵只是娛樂活動之一，此外還有圍獵、蹴鞠、演武等多種活動供天子選擇。為了鼓勵臣子積極參與，天子專門設置獎勵，圍獵的時候，誰打到獵物就由誰自行收取。一場圍獵下來，獵物堆積如山，幾乎人人都有收穫，當然臣子也不缺這些獵物貼補家用，但獵得多的人肯定能得到天子的表彰，名利雙收的好事真是讓人笑顏逐開啊！

上林苑由誰來管理

上林苑除了是天子的狩獵場、演武場、宴會廳之外，它還是一個非常重要的「經濟開發區」。那麼上林的發展模式又是怎樣的呢？下面有請上林苑的負責人水衡都尉來做個簡要的介紹。

「咳，作為上林苑人，我很為我們上林苑感到驕傲自豪。」從水衡都尉的開場白來看，他對自己的工作可是非常地驕傲啊！

「首先，上林苑是距離長安最近的大型宮殿群，方圓三百多里，有近百個大小宮室，能為皇室成員提供最優質的服務。我們有天子下榻的大型綜合型宮殿群——建章宮，還有專供太子殿下使用的思賢苑、博望苑。此外，上林苑還提供種類繁多、格調高雅的休閒娛樂活動及場所，有專供遊玩的宜春院，裡面的園林建築水準全國領先。還有還有提供高水準音樂、舞蹈表演的宣曲宮，引領了全國宴會樂曲舞曲的新風尚。還有觀看賽馬、賽狗的犬台宮、走馬觀。如果對犬馬沒有興趣，我們還提供名貴觀賞魚類和鳥類的魚鳥觀。如果對國外珍稀物種感興趣，那麼歡迎到觀象館來，越人象奴表演的象戲可是相當受歡迎。其他從西域、百越引進的駱駝、獅子、豹子、犀牛、河馬等猛獸，都可以在上林苑看到。」

說到這裡，水衡都尉頓了一頓，端起茶杯喝了一口，又繼續介紹道：「如果對禽獸不感興趣，上林苑還建有規模龐大的植物園——扶荔宮，展出來自天南海北包括西域等地的眾多珍稀植物，如菖蒲、檳榔、橄欖、荔枝等。對了，我們的張騫大使最近還從西域帶回了甘甜的葡萄，你還可以參與我們親手摘葡萄、釀制葡萄酒的活動。

「如果對動物植物都不感興趣，那一定不要錯過平樂觀的百戲表演，這裡匯集了大漢最頂尖的百戲高手，保證讓你大開眼界。

「說一千，道一萬，不如親眼看一看。鄙人的介紹就到這裡了，如果你對我們上林苑感興趣，歡迎前來參觀遊覽，並對我們的服務工作提出寶貴的意見和建議，以便我們能更好地為皇親貴族、各國使臣提供更加優質的服務！謝謝大家！」

掌聲如雷鳴般響起，水衡都尉也舉手拍了兩下，然後示意大家他還有話說：「下面就請主管經濟的上林苑令為我們做進一步的介紹。」

「大家好，首先非常感謝水衡都尉的發言，他老人家忠心為國，是我輩的楷模啊！接下來由我為大家介紹上林苑的運行模式，共同學習進步。

「眾所周知，上林苑占地非常廣闊，同時還擁有豐富的山林、河流、湖泊及草地資源。作為天子別苑，還得到舉國上下的支持，人力物力財力的投入十分強大，這才有了今天的上林苑。我們工作的主要方針有三個：一是靠山吃山靠水吃水，大力發展農林水產養殖活動；二是大力引進外地珍稀物種，培育高水準農林作物；三是一切以滿足皇上要求為準，大力發展園區內部服務行業。就目前來看，我們的方針非常適合上林苑的發展，也贏得了皇室成員的一致好評。截至目前，我們的畜牧業能養殖軍事用馬、食用牲畜、觀賞動物等。我們籌建的葡萄園培育出大量優質葡萄苗，並發放市場，切實為百姓提供服務。我們在園區內部開設的造幣廠、冶煉廠、工藝品廠及生活日用品廠都運轉正常，生產的產品不但能滿足園區內部要求，甚至還能提供給全國人民，對國家經濟的發展起到良好的促進作用。」

上林苑令最後總結說：「當然，我們的工作還存在著一些不足之處，歡迎大家積極提意見，我們一定認真考慮，酌情採用！」

二十五 魔術、雜技樂翻天

——現場版樂舞百戲更刺激

生活在這個娛樂至上的時代，你能想像沒有手機、電腦、網路的生活嗎？意志力堅定的人，堅持一、兩天肯定沒有問題，但是一個月、兩個月呢，甚至一年、兩年呢？那就難以想像了。反過來，如果生活在原始社會，一天到晚不想著怎麼填飽肚子，就想著怎麼玩、怎麼找樂子，那恐怕很快就活不下去了。

劉阿壽的元宵節

西漢初年，每年的正月十五正式成為節日，每到正月十五，皇帝為表現與民同樂或宣揚國威的目的等，都會在長安舉行大型的樂舞百戲表演。去年，劉阿壽還在家裡忙農活，今年他被家人送到長安的一家藥店做學徒，大師兄魏阿林從上個月開始就一直和他吹噓去年元宵節看到的猴戲和幻戲，聽得劉阿壽心裡直癢癢，早就期盼著能在元宵節跟著魏師兄一起去看戲呢。

天色漸晚，兩個小學徒卻還沒得到師傅的首肯，聽到外面不時傳來的鼓樂聲，兩人急得抓耳撓腮。最後，還是師娘看不下去，攆著兩人出了門。劉阿壽跟著魏阿林樂呵呵地往外跑，大老遠就看見元宵節的火光映紅了天空，街上的行人更是摩肩接踵。

魏阿林拉著劉阿壽在人群裡鑽來鑽去，不一會兒就擠進一個人圈裡，裡面站著一個魁梧的男子，手裡握著三個圓球拋來拋去，旁邊有人大聲喝彩，也有人吵嚷著讓他趕緊拿出真本事來。男子哈哈大笑，卻不知道動了什麼機關，將那三個圓球變成了六把寒光閃閃的飛刀，雙手不停地將六把飛刀在手中顛來倒去，卻沒有一把落地。周圍響起了雷鳴般的喝彩聲，劉阿壽看呆了眼，都忘了鼓掌。

過了一會兒，男子收起飛刀，隨手一揮，六把飛刀就整整齊齊地插進旁邊的木樁上。他又拿出一把明晃晃的長劍，與旁邊一位持刀的少年對戰起來，兩人你來我往，刀光劍影，不時有細小的火花從刀劍相撞處迸發出來。

劉阿壽看得津津有味，魏阿林卻覺得有些無趣了：「每年都是舞刀弄劍，然後就是劍舞，一點意思都沒有嘛！阿壽，我們走吧，我帶你去看猴戲。那猴子還會騎羊翻坎呢！」

劉阿壽卻捨不得就這麼走，「阿林哥，我們再看一會吧。」

正說著，男子和少年的對戰結束了，男子被少年打敗了，他怒氣衝衝地說：「某學藝十餘年，今日卻不如一豎子。某無顏苟活。」說完就拿起長劍，從自己的嘴裡插進去。周圍的人都還沒意識到發生了什麼事情，就看那男子已經把長劍吞了一半，抽氣聲、驚呼聲四起。持刀的少年也嚇呆了，伏在男子的腳下哀哀哭泣。人群中有人說道：「這兩兄弟賣藝也不容易，現在眼看著大哥就要活不了，留下年幼的弟弟也太可憐，大家不如援助一二。」周圍的人經過提示，恍然大悟，都紛紛向少年和男子身邊投錢，不一會兒就聚集了數十枚銅錢。那男子已經將寶劍完全吞入口中，只留了個劍柄在外面，聽得銅錢叮咚響，他又慢慢抽出長劍，長劍上完全沒有血跡，眾人瞠目結舌。男子扶起少年跟眾人行禮道謝。

魏阿林這才反應過來：「他學了新戲法啦！」眾人遂醒悟過來，又好氣又好笑，紛紛拊掌大樂。劉阿壽一邊用手撫著胸口，一邊呼氣：「可嚇死人哩！」

頭一次看百戲的劉阿壽還不知道，這晚上注定會是他的驚喜，或是驚嚇之旅。走幾步，他看見一個垂髫小童，身輕如燕，兩三下就翻到五張疊成一摞的小几上去了，然後就在那小几上翻轉騰挪，團成一個大球，滴溜溜地滾來滾去，不時滾到邊沿，叫人看得驚險無比，但就是不會掉下去。

又有一個中年漢子，雙手扶著一根足有兩三人高的竹竿，竹竿的頂部綁著一根短小的橫木，三個小童在橫木上翩翩起舞，中年漢子抱著竹竿滿場走，三個小童卻好像腳下生根一樣在橫木上站得穩穩當當。

還有一隊安息人，帶著猛虎、駱駝做戲，那白皙美貌的安息少女，竟然能讓猛虎乖順得像貓一樣，還能指揮著猛虎越過豎放的竹圈。

打扮得仙風道骨的老者，一揮手變出一枚水靈靈的桃子，一揮手又變出一隻白鵝。連魏阿林也說不清楚這老者的戲法。

高高的樓臺上，穿著華麗舞衣的舞女正踏著鼓盤，舞動長長的衣袖，宛如月宮仙女，樓臺下人們也盡興地唱著歌，手挽手地跳著舞。劉阿壽看得眼都不眨，魏阿林也上躥下跳，高興得很。一位胖胖的大叔跳得非常盡興，就像被弄丸人上下左右拋擲著。促狹的魏阿林故意跑到胖大叔身邊做出蹴鞠的動作，逗得周圍的人哈哈大笑，然後被胖大叔瞪著眼睛趕走了。

直到夜深，人群才漸漸散去，魏阿林才拉著劉阿壽回家，一路上都是少年的嬉笑聲。劉阿壽決定了，自己一定要好好學習辨識藥材，早點學到醫術，以後也能讓家人看到元宵節的樂舞百戲。

平樂觀的藝術表演

在漢朝，連老百姓也有樂舞百戲看，更別說王公貴族了。這不，機會來了。西域烏孫、樓蘭等邊陲小國派遣使者到長安來覲見皇帝啦，為了表現天朝上國熱情好客和文治武功的威儀，陛下準備在皇家園林上林苑的平樂觀舉辦一場國宴，招待使者，讓他們開開眼界，見識見識大漢天朝的繁華與富庶。

這命令一下，樂府和上林苑的官員忙翻了天。這位說：「我們新排了掌上舞，正等著表演給陛下看呢！」那位說：「我們虎苑訓的猛虎，正好能表演角鬥，這才是大漢的威儀所在。」第三位發了話：「嗤，都是些靡靡之音和消不掉的血腥味，還是讓我們的象人戲上場吧，弘揚我大漢朝的禮儀孝道。」

眾人你一言我一語，吵得長官耳朵都疼：「行了，都別嚷嚷了，把你們的新戲都列上來，我請陛下親斷吧。」

到了宴會這一天，平樂觀的廣場上早早安設好了位置，等著皇帝與使臣們入場。皇帝非常親切友好地慰問了各國國主，然後邀請使臣們一起看戲。

平樂觀表演當然和街市上的表演不一樣。這不，首先上場的就是馬術表演，五位騎手駕駛著駿馬入場，馬上馬下翻飛如燕，甚至還能來個馬上倒立，跑完一圈之後，五人又圍成一圈勻速跑起來，前面的騎手射箭，後面的騎手徒手抓住箭身，再射向後一人。

使臣們紛紛讚歎：「大漢的騎手真是天下第一，我等的安危都寄望陛下保佑！」

皇帝撚鬚不語，下一個節目更加精彩，一隊騎手駕車出場，三人駕馭馬車成錐形，馬車上又各有乘客三人，乘客們不在車內，反而在車頂做戲，馬車跑得飛快，乘客在車頂跳躍翻騰，卻好像感覺不到車輛的移動，不時從這輛車跳到那輛車，讓使臣們看得目不轉睛。

隨後，一隊衣飾華美的舞姬出場，她們手持大鼓，邊跳邊唱，雙腳交替踏在鼓上，發出洪亮的響聲。使臣們聽得搖頭晃腦，好不滿足。

鼓上舞剛剛結束，場外就傳來雷鳴一樣的叫聲，腳下的地面也有隱隱的震動，使臣們驚疑不定，皇帝卻端坐不動。一隊身材矮小的越人驅使兩頭巨大的野獸來到場上。膽小的使臣兩腿發抖，差點就準備從座席上逃跑了。外交大臣趕緊向使臣們解釋：「這是來自南方的野獸——象，體型雖大，性情卻溫馴，並不吃人。」

使臣們就看見越人指揮著兩頭大象搖頭擺尾地跳舞，牠們用長鼻子做武器交戰。最後還有馴獸人驅使著一頭獅子與大象搏鬥，兇猛的獅子被大象的長鼻子卷起來，狠狠往地上一拋，就再也站不起來了。

使臣們面面相覷，漢朝的皇帝和大臣卻拍手叫好。至於吞刀吐火、魚龍變幻、傀儡戲法、仙人變幻、摔跤角鬥、高空走索等表演，更讓使臣們看得如癡如醉，恍然如夢。

總之，國宴上精彩紛呈，來自大漢朝的藝術家們向西域使者們表演了各種歌舞、雜技、馴獸、魔術，讓使者們充分意識到，大漢不但國力強盛，連娛樂活動都精彩無比，心裡無不對大漢產生了強烈的嚮往和熱愛！事後，樂府和上林苑的官員都受到皇帝陛下的嘉獎，還有名為《西京賦》的文章流傳出來，受到全國上下知識份子的瘋狂追捧。

你看，有了這樂舞百戲，漢代的生活也不見得那麼單調乏味吧？雖然現在有電視、電腦，也能收看很多節目，但古代看的是現場版，驚險刺激的感受肯定比看電視轉播有過之而無不及。

二十六 沒有麻將的日子，我們都這麼玩

——六博、射覆、藏鉤，遊戲花樣多

「走起，三缺一呀！」、「又開始『修長城』了！」聽到這樣的話，你忍不住會心一笑，沒錯，這就是現代人推崇的「國粹」之一——麻將。這項遊戲可謂深受國人歡迎，特別是到了春節期間，更是家家戶戶、時時刻刻都能聽到清脆的麻將聲。

可惜，遊戲也有它的發展歷程，這項風靡全國乃至全世界的遊戲，在漢代還沒被發明出來呢！那麼漢代該用什麼遊戲來打發閒暇時間呢？

漢代特有的遊戲叫六博

可別以為漢代比較久遠，能玩的遊戲都很單調乏味。其實，在漢代，人們能玩的

遊戲比現在也差不到哪兒去。讓我們一起到聚會上去看看吧！

三月踏春時節，遠遠就能看到小山坡上聚集著一大群男男女女，他們散坐在草地上，有的在飲酒唱歌，還有人圍成一圈，不時爆發出陣陣喝彩聲。走近一看，只見那小几上畫著縱橫交錯的回字形格子，一位少女正在和一位少年對陣，兩人輪流投擲竹片，按照竹片上的數字來走棋，你來我往，十分精彩。最後還是少女技高一籌，指揮著自己的將棋，吃掉了少年的將棋，取得這一局的勝利。

原來他們是在玩六博啊！這六博在漢代遊戲中的地位，大概就等同於現在的麻將，是一種深受老百姓喜愛的全民遊戲。六博是一種兩人對陣的遊戲，雙方各執六枚棋子，其中一枚為主帥，通過投擲骰子在棋盤上行動，以吃掉對方的主帥棋子為勝。看似簡單的規則中，包含的內容可一點也不少，交戰雙方可以自行約定骰子的數量，最多可以使用六枚，也可以自行約定遊戲規則，甚至繪製不同的棋盤。六博變化多樣的遊戲方式和簡便易得的遊戲用具，讓它同時得到王公貴族和平民百姓的喜愛。

悄悄給你爆個料，就連漢代的天子也是六博的忠實愛好者呢！一手締造了「文景之治」的漢景帝劉啟就是其中之一。他年輕的時候，特別喜歡玩六博，可是他玩遊戲的水準卻不怎麼樣，而且棋品還差，長安城裡都沒人敢跟他玩六博。好不容易有一次，分封到吳地的吳王劉濞打發他的太子到長安拜見漢文帝，劉啟就邀請吳太子跟他一起玩六博，可憐吳太子不知底細，在對博的時候毫不謙讓，讓劉啟輸到臉色發青。這下劉啟可憤怒了：「你個諸侯小國，居然敢贏我的棋！」於是，他毫不客氣，掀起棋盤就往吳太子的頭上砸，生生砸出一條人命。

吳王劉濞從此記恨上他，最後聯合其他諸侯國，發動了「七國之亂」，簡直就是「一場六博引發的血案」！

既然有玩六博倒楣丟了命的，就也有玩六博得了榮華富貴的。漢宣帝也是一位六博愛好者，他水準也不高，又特別愛玩。

漢宣帝沒有即位之前，一直生活在民間，經常和好朋友陳遂一起玩六博，老玩老輸，老輸老玩。這位天子當時還沒錢還帳，便說：「輸了的，先欠著啊，等我發達了就一起還給你！」陳遂還能怎麼著？只好讓他欠著唄。誰知道，這漢宣帝還真有翻身的一天，他即位後，想起還欠著陳遂好多錢呢，於是就寫了個詔書，說：「太原太守這個位置尊貴，俸祿豐厚，正好用來償還賭債啦！」把陳遂高興得不行。你看，這玩六博有趣吧！萬一遇上貴人，那不就發達了嗎？

不過，遊戲有風險，選擇對手需謹慎，遇到宣帝固然好，遇到景帝可就倒了八輩子的楣啦！

◉高智商遊戲射覆

《西遊記》裡有這樣一個故事，唐僧師徒三人路過車遲國，結果被車遲國的三個國師攔住了要比賽，其中羊力大仙擅長猜謎，要和唐僧比隔板猜物。羊力大仙掐指一算就能算出櫃子裡的東西。這就是射覆。

所謂射覆，說它簡單也簡單，就是猜謎，把一件東西放到碗、盆底下，然後卜算、起卦猜底下是什麼東西，並用一段「射覆詞」來說出它的特點。說它不簡單也確實不簡單，一般人肯定毫無頭緒，但高手卻能輕易猜中。

說到射覆高手，就不能不提漢武帝的臣子東方朔，東方大人真乃神人啊！一次漢武帝玩射覆，想提高難度，不玩平時經常猜的什麼手絹啊、扇子啊、硯臺之類的東西，而是讓宮人放了一條壁虎進去。這下子可難住了不少大臣，誰能想到皇帝他怎麼就不按遊戲規則來呢！只有東方大人，圍著盆子轉了幾圈，然後掐指一算，張口說：「說牠是龍牠又沒有角，說牠是蛇牠又長著腳，攀攀爬爬擅長飛簷走壁，不是壁虎就是蜥蜴。」這射覆詞一說，被其他大臣笑慘了：「怎麼可能是壁虎和蜥蜴！開國際玩笑呢這是！」結果漢武帝讓宮人打開盆子一看，果然一隻壁虎趴在盤子上。漢武帝龍心大悅，慷慨地賞賜了十匹帛給東方大人！

看到東方大人每猜每中，就有侍從想要向他學習祕訣。東方大人故弄玄虛地拿出《易經》：「什麼時候你把這本書弄懂了，我再教你祕訣吧。」哎，你說，如果侍從都能讀懂《易經》了，那他哪裡還需要靠射覆來賺錢呢？

所以你也別琢磨了，射覆它就不是一般人玩的遊戲，玩得好的，都是擅長此道的高手。咱們普通小老百姓，看個熱鬧就行！

神奇的鉤弋夫人和藏鉤遊戲

不過，如果你喜歡猜謎，漢朝也有簡單一些的猜謎遊戲——藏鉤。這個遊戲的來歷可不一般。

這故事的主人公還是咱們漢武大帝。據說有一次，他外出狩獵路過一個地方，就聽人說這個地方不一般，一看就知道有奇人。漢武帝就好奇了，到底怎麼回事啊？派人去打探，探子回來說：「這裡有個奇女子，從出生到現在，雙手就一直握成拳頭，怎麼都打不開。」

漢武帝來了興致，就準備去圍觀一下。這個女子年約十五六，容貌非常漂亮，雙手也確實跟傳聞中的一樣，握成拳頭。漢武帝抓住她的手，居然就讓這女子握了十多年的拳頭給打開了。打開一看，拳頭裡面是一隻小小的玉鉤，非常精緻。

漢武帝就把這個趙姓女子帶回了宮，還專門為她建了一座鉤弋宮，封她為鉤弋夫人。這段奇事傳開之後，藏鉤的遊戲就盛行起來啦。人多人少都可以玩，一隊人把手背在背後，暗中傳遞一隻玉鉤，然後一起把手拿出來，讓另一隊人猜玉鉤在哪個拳頭裡面。這就是藏鉤遊戲，夠簡單吧！

男女老少的遊戲應有盡有

其實漢代流行的遊戲遠不只如此，鬥雞、摴蒱（擲骰子）、蹴鞠等都是人們喜愛的遊戲。而且不同年齡、不同性別的人還有不同的遊戲可選擇。不信你問問路邊的小朋友，看他都愛玩什麼！

一個垂髫小童把手裡的盒子遞了過來，木盒子裡裝著一些不規則的薄木片，木片上還塗著不同的顏色。這不是拼圖嗎？原來漢代的小朋友就已經開始玩拼圖啦！這拼圖雖然簡陋了點，但圖案卻很精緻，一盒拼圖只有十來片，稍微撥弄一下就能看出它大致的輪廓，是一個人坐在馬車上的圖案。

可別覺得驚訝，貴族家的小孩還有比這更精緻更複雜的拼圖呢！上次我就看見一大盒玉片做成的拼圖，真是讓人眼紅啊！

除了拼圖，踢毽子也很受歡迎。冬天的時候小孩子就愛玩這個，成群結隊的，雞毛滿天飛。

「哎喲！這什麼玩意兒？」正說著一塊方木片從頭上掉了下來。

「哎，小夥子，別發呆啊！快把壤頭給我們丟回來！」

你抬頭一看，一群白髮蒼蒼的老頭子正熱切地望著你——手裡的木片。哈哈，這就是老頭子們的遊戲啦，叫作擊壤。你看你腳下不遠處，是不是還有一片木頭？這個擊壤就是把一片木頭放到地上，然後人站在三四十步以外，拋出另一片木頭去撞擊地上的木頭，撞到了就獲勝啦！你還是趕緊把木片給他們吧！咱們再去看看別的遊戲！

你是不是覺得這些遊戲都不適合女孩子玩？女孩子的遊戲另有其他嘛！蕩秋千就是女孩子最喜歡的遊戲之一，站在秋千上，高高地蕩起來，看得又高又遠，也是很有趣的。如果喜歡文雅一點的遊戲，那鬥草怎麼樣？只要你對植物瞭解得多，又眼疾手快，肯定能找到最大、最健壯的花草。

要是不想動彈，可以喚歌女樂師來演奏解悶，要是心煩了想出去散散心，騎馬溜一圈也沒人說你不優雅。漢代的女子，可不流行風一吹就倒的柔弱美，高大、健美才是美女的標準呢！總之，漢代遊戲應有盡有，就看你喜歡什麼類型了。

二十七 西元前一四〇年，我們這樣過節——豐富多彩的節日

如果讓你選擇一個時間到西雙版納去旅遊，你會選擇什麼時間呢？估計大多數人的第一反應就是三月三。為啥？有潑水節啊！旅遊嘛，不就是為了見識不同地方的風俗民情，而最能體現風俗民情的，不就是當地的各種節日嗎？能夠成為舉族歡慶的節日，意義一定非同一般，它不僅僅是一個民族生活方式的展示，還是一種源遠流長的精神寄託，更是一時一地歷史文化的彙聚。

上巳佳節除不祥

所以，想要真正體會到西元前一四〇年漢朝的魅力，認識那個帶著彪悍民風、銳

意昂揚又不失細膩柔婉的時代，就一定不能錯過漢朝的節日。

節日的起源是原始社會的祭祀和鬼神傳說，先秦時期，節日和祭祀是分不開的，不過到了漢代，節日的原始崇拜和鬼神祭祀的分量已經大大減少了，更具備遊戲、娛樂等意義。接下來，請跟隨著我的步伐，一起來體會大中華在漢代時期的風采吧！

在漢代，上巳節是最重要的節日之一，所謂的上巳，其實指的就是節日的時間，夏曆三月的第一個巳日。什麼？你居然不知道什麼叫夏曆？哎，是在下疏忽了。漢朝在漢武帝之前，一直用的是夏曆，就是從夏朝流傳下來的老祖宗的曆法。後來漢武帝命人製作了太初曆，也就是大家說的漢曆，使用夏曆的人就不多了，不過這上巳節也是從周朝就興起的節日，所以我們一般還用夏曆來計算上巳節的時間。

說了這麼多，你一定覺得很枯燥吧，別急，咱們這就跟著漢武帝一起去過一次上巳節吧。

「來人，儀仗隊還沒準備好嗎？朕每天都對著一群老傢伙，還要哄阿嬌，真是煩死人了。趕緊收拾起來，朕要到灞上去祭祀，好好洗洗黴氣。」漢武帝劉徹此時剛登上王位，對內，得聽老祖母竇太后的話，哄著她最喜愛的外孫女陳阿嬌；對外，還沒什麼親信，做什麼事都要被老臣嘮叨，這皇帝做得真委屈。

皇帝發話，侍從們一個個跑得飛快，不一會就準備好了皇帝出遊的儀仗，一群人騎著高頭大馬興沖沖地往宮外跑。平時熱鬧的街市上，行人不多，但到了郊外，行人就漸漸多起來了，不少百姓攜老扶幼，舉家外出，都準備到城外的河水邊洗洗臉，洗洗腳，袪除身體上的污穢，求得一年的健康。不少大戶人家還準備了歌舞宴會，一邊沐浴，一邊飲酒作樂，好不快活。

漢武帝出行，當然驚動了不少官吏，頂頭上司出來祭祀，既然遇到了，就不能不去拜見啊。這一來二去的，好好的散心之旅又變成朝廷會議了。

本來想好好玩一下的劉徹非常不高興，這都沒見到美女呢，淨看到些不想見的人。乘興而來、敗興而歸，說的就是劉徹。不過，他的姊姊平陽公主聽說弟弟出宮來玩，趕緊派人請他到家裡來，一邊溝通感情，一邊給他介紹美女。劉徹這心不在焉的，平陽公主準備的人更是一個都沒看上。平陽公主只好讓這些美女都退下，拍手安排歌舞隊上場。

誰知就那麼巧，劉徹就看上了歌舞隊裡一個名叫衛子夫的女子，平陽公主樂開了花，趕緊把衛子夫全家「打包」，送給了劉徹。漢武帝的上巳之行才算有了一個舒心的結果。

你瞧瞧，連天子也還在上巳節外出遊玩，還順帶收了一個美女。而一般人家，還真有不少小娘子小郎君在上巳節喜結連理的。不過，咱們看重上巳倒不是為了男女情愛，而是真心相信這一天能夠掃除污穢，祛除不祥，讓人身心安寧。

到了晉朝王羲之寫了著名的《蘭亭序》，實際上就是上巳節在蘭亭舉行祭祀活動的一場詩會，因而後世畫蘭亭往往稱之為《蘭亭修禊圖》，修禊指的就是上巳的祭祀活動。

重陽不是老人節

九月初九的重陽日，也是漢代有名的節日，雖然也有登高望遠、插茱萸、喝菊花酒的習俗，但與現代社會過的老人節沒有太大關係。

漢朝講究以孝治天下，也講究事死如事生，所以對老人尤其是家裡的長輩是特別尊敬的，在長輩去世之後，也以隆重的喪事和陪葬品的豐盛為榮。這尊老敬老已經是國家的治國方針，體現在日常生活的方方面面，當然也不需要專門設立一個什麼老人節啦！

而且，咱們對祖宗的供奉祭祀，是不帶一點水分的，每到了時令變換的時候，家族就會舉行大型的祭祀活動，比如臘日、夏至、三伏、立秋、冬至等，都會很鄭重地祭祀先祖，祈求鬼神保佑。

告訴你一個小道消息，民間流行過重陽節，還是漢高祖劉邦時候的事情呢。以前重陽節都是皇家的祭祀節日，漢高祖劉邦去世之後，呂太后很忌恨戚夫人，把她的宮女都放歸了民間。好多宮廷祕史就是這樣流傳出來的。戚夫人的宮女說，九月初九那一天，如果喝菊花酒、佩戴茱萸、登高望遠就能夠長壽，皇帝也是這麼過的。大家一聽，就照做了，九月九重陽節就這麼流行起來了。

這裡頭還有個傳說故事。傳說東漢有個方士費長房，很厲害。他收了個徒弟叫桓景。有一天，他為徒弟卜算了一卦，算完後告訴桓景說：「大事不好啦，九月初九這一天，你的家鄉恐怕會有一場大瘟疫，你趕緊寫信給家人，讓他們多多準備茱萸和菊花酒，九月初九那天到山上去，或許可以逃過一劫。」桓景嚇了一跳，趕緊寫信回去通知家人，讓他們四處宣傳，做好準備。自己也趕緊上路，準備回去看望家人。桓景的家人收到信之後，馬上準備起來，可惜他們的鄰居都不相信。

結果到了九月初九那天，沒有戴茱萸和飲菊花酒的人都病倒了，就連牲畜也病倒了。大家這才相信了桓景的話，趕緊拖家帶口地跑到山上去避災，等他們到了山頂一看，山下的村子居然著火了。幸好所有人都跑了出來，才得以保住性命。桓景到家的時候，大家都激動地跑來迎接他，感謝他的救命之恩。

國之大事，在祀與戎

《左傳》有云，「國之大事，在祀與戎」，意思就是說，一個國家的大事，就是祭祀和戰爭，可見祭祀的重要性。漢朝初期，受到楚地重鬼神風俗的影響，舉國上下都對祭祀非常上心。

「可憐夜半虛前席，不問蒼生問鬼神」的典故，你一定不陌生。漢武帝為李夫人招魂的故事你一定也聽說過。「天地君親師」，更是漢代人人遵循的行為寶典。所以有好多節日，就是專門因祭祀而產生的。

由國家統一主持的，稱為「臘日祭」。哪一天是臘日，也是由禮官根據曆法專門選定的吉祥日子。到了這一天，無論富有如天子，還是貧困如奴婢，都會精心準備五穀雜糧等祭品，祭祀八位農神和門神、戶神、灶神、路神、土地神五位神明。

當然，你可千萬記得，若是去了漢朝，一定要準備一隻羊作為祭品啊！據說羊是灶神最喜歡的祭品，祂老人家高興了，你一家可就興旺發達了，說不定還能惠及子孫呢。

除上供之外，皇帝還會在皇宮內組織驅鬼儀式——儺祭，選擇十到十二歲的童子一百二十人作為輔助，一名法師率領十二隻由人裝扮的野獸，一邊敲鼓跳舞，一邊大聲呼喝，圍繞皇宮轉一圈，以祛除邪惡，求得安寧。

臘日除了祭祀神靈之外，還需要祭祀先祖，以祈求祖先的庇佑。漢朝講究家族人口越多越好，在祭祖這件事上，尤其不能馬虎，必須由一家之主來主持，家中長輩一同出場，兒子、媳婦、孫輩都列席在旁。祭祀之後，闔家歡聚一堂，共享天倫之樂。這樣的節日，按說是非常開心的，不過，也有在外地當官，沒法回家過節的，這時候，家裡的長輩還會趕到子孫身邊，陪伴他們過節。有些慈悲的父母官，甚至會讓牢中的囚犯也回家過節呢！

對了，其他祭祀神明和先祖的重要節日，還有正旦，也就是我們的春節，以及初伏、夏至、冬至等。除了祭祀神明和先祖之外，還有一些節日是專門祭祀先賢的，比如寒食節，為了紀念被燒死的高士介子推，當天不能動煙火，全家人都得吃冷的食物。

漢初的時候，有些地方被戰火嚇怕了，在整個寒食節那個月都不吃熱的食物，也不喝熱水，導致老人和幼童大量病倒死亡。最後驚動了官府，皇帝還下令不許百姓過寒食節呢！

還有五月初五，這個說法就多了。有些地方是為了祭祀春秋時期的名士伍子胥，每到五月初五就會舉行盛大的歌舞宴會，組織船隊迎接水神伍子胥。而另一些地方是紀念有名的文士屈原，每到五月初五就會用竹葉包裹江米投入江水裡祭祀。

許多的節日雖然已經隨著時代的變遷發生了變化，但也有許多習俗代代相傳，流傳至今。無論是敬仰天地神明的虔誠，對親人的孝順，還是自得其樂的生活態度，都是大漢子民最可貴的地方。

二十八 漢樂府建好了，咱們去K歌——宮廷娛樂不能少

「大風起兮雲飛揚，威加海內兮歸故鄉，安得猛士兮守四方。」一首《大風歌》雄壯豪邁，唱出了漢高祖劉邦衣錦還鄉的得意，也唱出了他開疆拓土建立大漢帝國的豪情。正所謂上有所好，下有所效，一代開國君主劉邦在行軍打仗之餘，就只有K歌這麼一個小小的愛好，打仗的時候沒條件，只能一個人清唱，雖然身邊也有一眾謀士和將領的喝彩，但總感覺少了點味道。這不，等他當了皇帝之後，就有人考慮到皇帝的愛好，建議成立一個「歡樂迪」漢朝分店——漢樂府——專為皇室成員提供黃金VIP唱片發行、民間好歌速遞、未央宮新年演奏會等高大上的服務。

樂府的字面意義

現在說到樂府就自動給它加了個朝代「漢」，但要是秦朝的人聽到了，肯定得嗤之以鼻，憑什麼要叫「漢樂府」啊？這樂府乃是從周天子時代就有的音樂機構，又不是你們漢朝人創立的，真是豈有此理！

沒錯，樂府從字面意義上理解，就是收藏音樂檔案資料的地方，是從秦代開始完善的，但是秦朝人也只是繼承先秦時期收集民歌的傳統，專門設立了樂府而已。咱們現在讀的《詩經》，不就是孔聖人根據當時收集的民歌編纂而成的上古歌曲手冊嗎？

只不過，秦代存在的時間太短，樂府沒能發揮它應有的作用，而漢代存在時間長，西漢時期的皇帝們又個個都喜歡K歌，在全國掀起了歌曲創作和歌曲演唱的熱潮。一時間，湧現出《孔雀東南飛》、《陌上桑》、《梅花落》、《行路難》等優秀作品，就連皇帝劉邦也沒忍住，高調發佈了新作《大風歌》。

大家都知道，一個國家剛剛創立的時候，往往都不會太富裕，經歷過戎馬戰爭的皇帝，一般也更加能夠體恤百姓的辛苦。漢高祖劉邦原本只是沛縣的小混混，年輕的時候，偷雞摸狗的事兒也沒少做，誰知道時勢造英雄，這麼個莽漢匹夫居然做了皇帝，還做得挺不錯，也是出乎大家意料了。因此，諸位大臣也就沒怎麼批判他愛唱歌這麼個愛好，安排樂府把他創作的《大風歌》排演起來，作為祭祀先祖和宮廷宴會的禮曲。

什麼是禮曲呢？簡單來說，就是舉行國家重大活動時演奏的樂曲，它們都會用在國家大會、閱兵典禮、歡迎外國來賓、祭祀天地鬼神先祖等非常莊重嚴肅的場合上。

《大風歌》歌詞簡短，曲調當然比較簡單，樂府最高長官樂府令一看，哎喲，高祖陛下為我們減輕負擔了，排練這首歌簡便容易，既不耗時，又不費力，得嘞，以後祭天的時候就演奏它啦！不得不說，樂府令這記馬屁是把漢高祖拍得通體舒暢了。從此以後，每年漢家祭天第一樂曲就是它了。

歌詩不是你想唱就能唱

我們今天管歌曲叫歌曲，不過在漢代，歌曲被叫作「歌詩」。這名字一聽就不一般，為啥呢？沒辦法，古代知識普及率略低，一般小老百姓連字都不會寫，更別說作曲作詞啦。在漢代，能夠寫出好歌的可不是一般人，至少也得是國家機關工作人員，比如樂府裡專門負責收集樂曲的樂工，或者是文臣裡文筆風流的大才子之類。不同的人寫的歌，自有不同的用處。在這裡，我得給你提個醒，歌詩不是你想唱就能唱的，這還得分時間、地點和場合。

孔聖人說了，唱歌就是人的情感濃烈到一定程度，需要抒發了，自然就唱出來了，歌聲也是咱們的心聲。所以呢，聽到一首好聽的歌，可別嘴裡就開始哼哼了，得先搞清楚它是為什麼情感而唱的。

比如，你路過一家人的大門口，突然聽到裡邊傳來一陣歌聲，曲調哀婉動人，你聽到他們在唱：「蒿裡誰家地，聚斂魂魄無賢愚。鬼伯一何相催促，今乃不得少踟躕。」一唱三歎，餘音嫋嫋，你聽得入了神，回到家裡也忍不住哼哼了兩句。正好被家人聽見，這下可不得了了，你的父親脾氣本身就暴躁，聽到你唱這樣的歌，更是氣不打一處來：「好個不孝子，是嫌棄父母年老，故意唱喪歌詛咒父母嗎！」你的母親乃是溫柔婦人，此時也泣涕漣漣，叫人看得好不難過。

你被父親罵得一頭霧水，但你聰明的僕從趕緊給你解圍了：「僕今日侍奉大郎路過居喪之家，大郎聽得《蒿裡》之曲，一時間恐怕感懷生死之事，並非有意啊。請大人和夫人明鑑！」

鬧了半天，你才終於弄明白，你聽到的歌詩名叫《蒿裡》，乃是百姓為家人送葬時吟唱的歌曲，且只能用於葬禮，別的時候唱出來，難免有詛咒他人的意味。要知道，漢代尤其重視生死大事，對待喪禮也是極其慎重的，喪禮上的歌曲既要滿懷哀思，又要飽含深情，可不能像現代人辦喪事一樣，什麼歌曲流行就唱什麼，也不管歌曲意義如何、是不是有悼念意味，把明明應該嚴肅靜穆的喪禮鬧得烏煙瘴氣。

除了送葬歌詩不能亂唱之外，專門用於皇家祭祀的禮曲《郊祀歌十九章》、軍樂曲《新聲二十八解》和請神送神的《迎神曲》也是不好隨便亂唱的。當然，這並不是出於不吉利的考慮，而是出於對皇家、軍隊和神明的尊重。生活在漢朝的百姓，對皇室和神明是發自內心地尊重和敬畏的，要是在非正式的場合聽到這些歌曲，對他們而言，就好比是把國歌改編成打油詩一樣。這種行為太狂放不羈了，哪怕不被當成罪犯，也會被當成另類。

你或許會覺得鬱悶，這也不能唱，那也不能唱，到底還有沒有娛樂了？其實，這裡有個很直觀的證據，你翻一翻《詩經》，看看裡邊的記載，《國風》是先秦時期的民歌薈萃，你看它是不是篇幅最多的？是不是文辭最美的？是不是最朗朗上口的？《大雅》、《小雅》、《頌》是先秦貴族的音樂和祭祀用的音樂，你看它是不是篇幅最少的？文字最佶屈聱牙的？內容最空泛無趣的？

看到這兒，你該明白了吧？歌詩裡邊，民歌是最多最好聽的，而且隨便你唱，你愛怎麼唱就怎麼唱，唱得好了，還有樂府的樂工專門找上門來，給你做記錄，把你的歌唱給皇帝聽。至於其他的禮樂、軍樂、迎神曲，都不是單曲，而是大型交響樂，你就甭老惦記著用嗓子唱出交響樂的效果來了啊！

漢朝流行歌曲知多少

都說一個時代有一個時代的風格，在漢代，受人歡迎的歌詩是怎樣的呢？

如果按照曲調來分，在漢代，最火爆的就是西域音樂。俗話說，民族的就是世界的。就像我們今天也愛給歌曲金榜分一個歐美榜和日韓榜一樣，漢代的歌曲金榜上，赫然掛著西域榜和朝鮮榜。

自從漢武帝派張騫出使西域後，漢朝與西域各國的聯繫日益密切，兩地截然不同的文化形態引起了漢朝人民的獵奇心理。漢朝人把西域各國統稱為「胡人」，於是就有了「胡服」、「胡姬」、「胡舞」、「胡樂」等說法。漢武帝時期的大音樂家、樂府協律都尉李延年就把胡樂《摩柯兜勒》改編成了《新聲二十八解》，因為歌曲雄渾有力，還被當作漢朝軍隊的軍樂。從西域流傳過來的橫笛也在大漢盛行起來，李延年寫的需橫笛演奏的《橫吹曲》就曾經在大漢西域金曲榜上掛了上百年。

掛在朝鮮金曲榜的歌曲名叫《箜篌引》。箜篌是一種樂器，類似於今天的豎琴，它可以豎起來彈，也可以橫放著彈。也有不少人用《箜篌引》的曲調唱歌，可惜現在曲調都散佚了，只能遙想它當年風靡長安的火爆場景。

如果按歌曲內容來分，最受漢代人民喜愛的歌曲類型當之無愧是傳奇故事型。簡單地說，這種類型的歌詞本身就是一個展現完整悲歡離合的故事，再用唱歌的方式講述出來，實在別有一番趣味。

之前提到過，漢武帝時期最有名的大音樂家名叫李延年，此人音樂才華出眾。別誤會，這句話不是在介紹李延年的才能，而是暗指他的身分。大漢朝的百姓，各有所職，比如我吧，就是個田舍翁，種田的。再比如說對門劉小二，他就是個商戶，做小生意的。隔壁李阿三，他是個讀書人，還是個孝子，被舉孝廉，做了官，那就是官大人。

由此可見，一般人其實是沒法展現音樂才能的。那李延年他到底是什麼人呢？他們家是倡家樂籍，一家人都是為達官貴人表演歌舞音樂的，出身於音樂世家，自然有先天優勢。

李延年歌唱得好，人也長得好看，出身倡家，追求榮華富貴是本能。他到漢武帝跟前一站，小夥子玉樹臨風，一表人才，很受漢武帝喜歡，被任命為樂府的協律都尉，榮華富貴簡直是滾滾而來。

李延年很聰明，他想把自己的妹妹介紹給漢武帝。當然，他可不是直接把妹妹帶到漢武帝面前，而是做了一首新曲為漢武帝演唱，這首歌叫作《佳人曲》。

「北方有佳人，絕世而獨立；一顧傾人城，再顧傾人國；寧不知傾城與傾國，佳人難再得。」這首歌實在太動聽了，李延年的嗓子也太迷人了，漢武帝聽得如癡如醉，忍不住問，這世上真有傾國傾城的女子嗎？

旁人趕緊告訴他，聽說李延年還有個妹妹，長得美貌異常，這首歌就是寫給她的。漢武帝一聽，趕緊命人把李氏帶來，一看果然是個傾國傾城的女子。最後，李氏就成為漢武帝最寵愛的女人之一。李延年的家族由此更加富貴逼人。

你看，這首《佳人曲》的故事，是不是足夠曲折動人呢？

婆媽最愛灑狗血歌曲

除了《佳人曲》之外，《孔雀東南飛》也是一首極受歡迎的長歌。漢代雖然沒有肥皂劇，但喜歡看肥皂劇的大娘大嬸們卻不少啊，為了滿足她們看肥皂劇的願望，類似於《孔雀東南飛》這樣虐戀情深的歌曲就應運而生啦。這首歌的開頭就表明，是由真人真事改編而成，跟現在電視劇開頭那個「本故事純屬虛構，如有雷同，純屬巧合」，其實有異曲同工之妙，都是為了搞好宣傳啊！

隨後，歌者就開始為我們演唱這個故事了：有個美麗又勤勞的媳婦，跟相公感情很好，但是婆婆非常不喜歡她，就想讓兒子休妻另娶。

嘖嘖，可見這婆媳問題，從古至今都是大問題啊！兒子不願意，但也不能不聽老媽的話，就對媳婦說，「媳婦，委屈妳先回家，等我做通了老媽的思想工作，就來接妳回家啊。」這媳婦就只好和相公惜別回家了，約定要同生共死，做不成夫妻也要做鬼夫妻。

媳婦回家之後，丈母娘和舅爺都驚呆了，咱們家這麼好的女兒也會被休啊，婆家真是瞎了狗眼。果真，就有比相公更顯赫的追求者上門了，相公一聽著急了，偷偷跑來看媳婦，「妳是不是變心了，要拋棄我了？」媳婦說，「我哥非要讓我嫁，我只能聽我哥的呀。」相公就生氣了，「那好，妳嫁我就去跳河。」這媳婦委屈啊，找著機會就去跳河了。相公一聽，媳婦死了，就在家裡上吊了。

這故事簡直一波三折，環環入扣，放到今天也是一部好劇本，可想而知在古代會多麼受歡迎了，簡直賺夠了大姑娘小媳婦的眼淚，不但王公貴族看得起勁，就是一般的小老百姓，也愛看個熱鬧。

長知識——漢樂府詩歌裡的時尚

漢樂府詩歌中還有不少對女性的描述，從中我們能探得漢代女性的裝扮、地位、婚姻等狀況。例如古詩《城中謠》中：「城中好高髻，四方高一尺。」高髻在當時首都女性中比較流行，而全國其他地方紛紛進行跟風模仿。當時婦女的髮型，最初是兩鬢高髻，最後演變成了往一邊側的墮馬髻，即倭墮髻。《陌上桑》中描寫秦羅敷髮型是「頭上倭墮髻」，「倭墮髻」發展到東漢中後期，成為京都乃至全國最流行的髮型了。

從樂府詩《陌上桑》中「耳中明月珠」，《巧林郎》中「耳後大秦珠」，《焦仲卿妻》中「耳著明月巧」可以看出漢代婦女喜歡戴耳環，耳飾並綴以珠寶，借此顯示主人的美麗與高貴。而在先秦時期，受「身體髮膚，受之父母，不敢毀傷，孝之始也」的思想影響，社會上都還沒有穿耳戴耳環的習俗，尤其在統治階級穿耳更是不為所容，甚至整個周代都以穿耳為恥。到了漢代，風氣漸漸轉變，特別是東漢時期，女性以穿耳戴耳環為美，所以耳環成了東漢婦女普遍的裝飾。

二十九 漢朝的足球比賽——足球運動起源於中國

說到足球，那可是風靡全球的熱門運動，四年一度的世界盃，不知牽動了多少人的眼淚。可惜，中國人提起足球啊，總是難免有種愛恨交錯的情懷，誰讓國足萎靡不振數十年呢？不過，即便如此，一邊痛罵國足，一邊場場比賽不落的球迷也比比皆是。愛之深，責之切，說多了都是淚！為何我們會對足球這項運動有這麼深的感情呢？那就得回溯一下足球的前生今世了。

足球的前生今世

足球與中國人的緣分，說起來那可就非同一般了。就連世界足聯也承認，足球起源於中國。

早在西周時期，足球的前身——蹴鞠就已經出現在歷史典籍上，更有傳言，它是黃帝專門用來練兵的活動之一。周朝的王公貴族都非常喜歡這項熱血運動，軍隊甚至將蹴鞠作為評價士兵體能和技巧的標準。一個好的士兵，必定是一個蹴鞠高手。到了漢代，蹴鞠已經成為一項國民運動，上至王公貴族，下至平民百姓，無論男女老少，說起蹴鞠來，那都是如數家珍，頭頭是道。

蹴鞠裡面的蹴，就是踢的意思，而鞠，就是皮革製成的球。這項活動的最大優勢在於材料和場地的便利。達官貴人固然可以用上等皮革製成彈力十足的球，在平坦的專業球場上練習。平民百姓也能用便利的竹木布片等製成簡陋的足球，在坊間小巷裡追逐為戲。相信對於喜歡蹴鞠這項活動的人來說，無論球是精緻還是簡陋，給人們帶來的樂趣是一致的。

聽了這段簡介，你大概會明白古代人對蹴鞠的熱愛之心了吧？在各種娛樂活動極其豐富的現代，足球都能做到風靡全世界，讓無數人從中找到樂趣，那麼，在娛樂活動簡單的古代，人們對蹴鞠的狂熱也應該是理所當然了吧？閒話就不多說啦，景福宮裡正在舉行一場精彩的蹴鞠比賽，咱們先去飽飽眼福吧！

來自漢代足球比賽的現場報導

「各位觀眾，激動人心，萬眾矚目的羽林隊與虎賁隊本年度第十二場蹴鞠比賽即將在景福宮球場舉行。據悉，本次比賽受到大漢皇帝陛下本人的獨家贊助，陛下還盛情邀請了文武重臣、皇室貴胄等諸多愛好蹴鞠的人士入場觀戰。為此，羽林隊與虎賁隊已經閉關訓練達半年之久，即便是本台神通廣大的記者們也沒能找到機會，打探兩隊的訓練情況。不過，據知情者透露，羽林隊的隊長信心滿滿，曾暗示已方得到了一位極其厲害的外援。

「聽到這裡，支持虎賁隊的球迷朋友們一定在為虎賁隊擔心了吧，畢竟上次比賽虎賁隊雖然取得最後的勝利，但也付出了兩位主力重傷下場的代價，實在是一場慘勝！那麼，本場比賽究竟誰勝誰負呢？相信這一定會是一番激烈的龍爭虎鬥。好了，賽前報導到此結束。各位球迷請抓緊時間排隊入場，一場精彩的比賽即將為你呈現。你的忠實朋友鹿人甲為你解說本場比賽。

「首先是裁判員入場，場內響起一片歡呼！哦，原來是號稱鐵面無私的金吾將軍和號稱明察秋毫的建章將軍！讓我們再次為兩位將軍獻上掌聲和歡呼聲！相信有這樣兩位裁判員，比賽一定會公平公正，不偏不倚！

「接下來出場的是本場的兩支隊伍。他們向我們走來了！毫無疑問，身著玄衣的正是我們的羽林隊十二位健兒以黑巾纏頭，身著黑色布甲，神情肅穆，不愧是皇帝陛下的親衛軍，個個都如此器宇軒昂。

「在羽林隊不遠處，身著黃衣的就是虎賁隊！虎賁隊隊員頭裹黃巾，身披薄衫，毫不猶豫地秀出了他們的好身材，嘖嘖！看來這次虎賁隊的隊服是完勝了羽林隊，這似乎引起了羽林隊的不滿。羽林隊的隊長向虎賁隊隊長走去，眼睛幾乎要噴出火來了。雖然比賽還沒開始，我們已經感受到濃濃的戰鬥氣息！

「兩位隊長間的對峙如此火熱，但是在賽前鬥毆是嚴重違規的。裁判員建章將軍出動了，他快速走到兩人中間，示意他們各歸各位，真不愧是明察秋毫。

「讓我們將注意力回歸到比賽現場。金吾將軍揮動小旗了，示意兩隊的六位守門員各自就位。建章將軍在一旁監督。雙方的守門員已經就位，現在場中央還剩下十二位雙方隊員，黑黃交錯，圍成一個圈。金吾將軍示意兩位隊長上前猜球，取得開球權。比賽正式開始了！

「羽林隊拔得頭籌，隊長大腳一開，就把足球向對方的場地推進過去，羽林隊的其他五位進攻球員也配合得相當默契，紛紛向虎賁的場地突進。虎賁的隊員也不甘示弱，他毫不客氣地抓住羽林三號的輕甲，兩人快速過招，羽林三號不敵虎賁隊隊員，被掀翻在地。不過羽林三號也順勢抓住虎賁四號的腳踝，虎賁四號摔倒了。羽林隊隊長在羽林二號和羽林四號的護衛下，快速向虎賁的一號球門衝去。虎賁的一號守門員非常緊張，同時二號守門員也準備協防一號守門員。

「近了，距離很近了，羽林隊隊長準備抬腳射門。虎賁隊隊長趕上來了，他沒有與羽林二號和羽林四號糾纏，於是直接撞上了羽林隊隊長。球射歪了，虎賁三號守門員撲住了足球。羽林隊的首次進攻失敗了，不過這次射門非常具有威懾力。

「裁判金吾將軍揮動小旗，示意虎賁隊反攻。虎賁三號守門員將足球踢向虎賁四號，沒錯，就是最早摔倒的那位，他站在距羽林隊最近的位置上。只見三號守門員一個『鷂子翻身』將足球高高踢起，虎賁四號反應機敏，一個魚躍龍門將下墜的足球向羽林隊的半場頂去，兩個精彩的傳球預示著一次精彩的反擊，虎賁隊神勇無比，衝鋒向前，羽林隊也不甘示弱。裁判員跟隨隊員向羽林隊的半場移動。

「不得不說，羽林隊一對一盯人的策略取得一定成效，虎賁隊被迫放慢了步伐，加快了傳球頻率。這確實緩解了羽林隊的攻勢，不過，也加大了進球的難度。傳球越多，就越容易出現失誤！糟糕！虎賁二號傳球失誤，虎賁隊隊長反應靈敏，一個神龍擺尾將球向羽林三號門踢去。這個時機把握得非常好！

「球……球沒進，撞到了羽林三號守門員的手臂上，在羽林三號守門員準備開大腳將球傳給自己的隊友時，球不見了！

「不！球進了！裁判金吾將軍舉起小旗，示意虎賁隊進球了！讓我們看看精彩重播。羽林三號守門員準備開球，一隻腳比他更快貼地勾走足球，足球撞到羽林二號的腿上，正在防守羽林二號的虎賁三號邁步向前，球被這股力道推進了羽林二號球門。我們從大螢幕上可以看到二號守門員驚愕的表情，他當時正在協助三號守門員防守，完全沒注意到足球輕飄飄地從他腳邊劃過。可憐的孩子！

「場上一片歡呼，虎賁隊的支持者們舉起了大旗，一邊搖晃一邊歡呼，虎賁必勝虎賁勇武！羽林隊雖先輸一球並沒有喪失鬥志，不愧是大漢頂尖球隊！」

聽了鹿人甲熱血沸騰的解說，你大概會目瞪口呆吧。在現代足球比賽中，衝撞、拉扯絕對是黃牌下場，為何漢代足球比賽卻視若無睹呢？

這可不是裁判不公，要知道，冷兵器時代的戰鬥本來就是非常殘酷的，作為訓練士兵的運動，蹴鞠其實就是一場攻防演練，只有平時多流汗，才能避免戰場多流血啊！

漢代的花式蹴鞠比賽

除了軍人們熱血對抗的蹴鞠比賽之外，漢代還有一種應用更廣泛的花式蹴鞠比賽，老人、小孩、女子都可以參與。漢高祖劉邦的父親劉太公就是花式蹴鞠的死忠粉。劉太公的兒子做了皇帝之後，就把老父親接到皇宮來享福，沒想到劉太公在金碧輝煌的皇宮裡住了一段時間，就開始悶悶不樂茶飯不思了。

劉邦責怪侍從們侍奉不周到，劉太公還為他們求情說：「兒子啊，不是侍從們伺候得不好，是我在這皇宮裡住不習慣啊！」這讓劉邦沒了主意，總不能自己住在皇宮裡，讓老父親住在鄉下吧？

最後，還是一位機靈的侍從想到辦法，他偷偷向劉邦建議：「太公一輩子和街坊鄰居住在一起，這老了搬進皇宮，平時只有老倆口閒聊，生活太無趣啦，不如陛下你將老家的街坊鄰居都接過來，在皇都裡安置，老太公見到故人，肯定會生活得很開心。」劉邦半信半疑地建了一座城中城，接來了街坊老鄰居，專門安置他們，再請太公去新城居住。太公一看，昔日的街坊鄰居都在，又能自在地穿街走巷，以蹴鞠為樂，自然就安定下來，再也不提回老家的事兒了。你瞧瞧，皇帝兒子的魅力也比不上和老朋友們一起玩蹴鞠呢！

近代出土的漢墓畫像磚，更是漢代花式蹴鞠流行的佐證。不少畫像磚上都繪有女子穿著舞衣，披著飄帶，圍著鞠載歌載舞的場景。這足以表明，鞠甚至可以作為女藝人的舞蹈道具。看到精緻的鞠在衣飾華美的女子足下旋轉，也別有一番風情吧！

第 六 章

那些年，
大家一起追過的潮流

大漢的美，在風韻，也在眼角眉梢。
這裡的女人最懂得時尚，
這裡的男人也有自己的審美，
這裡有你追也追不上的流行風潮，
也有你看也看不懂的名士風流。
大漢明星都是什麼樣兒的？
他們引領的潮流又是如何迷倒世人的？
各具風采的偶像、女神和男神都在這裡，
別猶豫了，點個贊吧！

三十

愁眉、啼妝、墮馬髻、折腰步、齲齒笑

——本朝最時尚扮相

我要比日光燈還白！我要瘦成一道閃電！

這不正是現代女性的美麗宣言嗎？不過潮流都是在輪回中進行的，現在覺得新潮的東西，其實很多年前就已經流行過了，只是你不知道罷了。比如現代女性追求的又瘦又白，早在大漢朝的女性就已經開始追求這種極致美了。不單如此，生在漢朝，各路美女有的是大把時間和機會挖空心思來打扮自己，博得男人的榮寵。

美女御夫術

說到打扮，相信你不會陌生，不過咱們今天還是先去拜訪一位名人，看看她是怎樣打扮自己的。

這位名人，就是東漢權臣梁冀的結髮妻子孫壽。說到這對夫妻，堪稱最大的「反差萌」。梁冀是一個醜得讓人不忍直視的男人，他的背是駝的，肩膀向上聳著，整個一佝僂樣。再說說他的臉蛋，當真是極醜陋，眼睛斜，鼻子歪，就像小時候被人用力揉作一團，從此再沒有展開一樣。更難能可貴的是，梁冀還口吃，平時說話就費力，一著急上火，更是能把人憋死。

但就是這一位，娶了一個大美女為妻，也就是咱們今天拜訪的孫壽姑娘。《後漢書・梁冀傳》裡面是這麼描述她的：「色美而善為妖態，作愁眉、啼妝、墮馬髻、折腰步、齲齒笑，以為媚惑。」

孫壽是個聰明女人，她知道，老公再醜，她也不能變醜了去拉近與對方的距離，而是應該變得更美，讓老公被自己徹底迷倒。而且，長得醜的人對美的追求似乎更甚。梁冀抱著個美女老婆，真的是愛不釋手，雖然他在宮裡面是個為非作歹叱吒風雲的人，但是回到家，對老婆孫壽可謂又寵又怕又迷戀。

有這麼一個體貼的老公，孫壽當然非常享受，不過她是一個妒忌心非常強的女人，她認為這世上沒有不偷腥的貓，但她又非常不能容忍老公在外面偷腥，於是別出心裁地獨創了她的「孫氏扮相法寶」。

此法寶包含五項內容：第一項是「愁眉」。孫壽的長相十分符合漢朝美女的標準，瓜子臉，細眉細眼，小嘴唇。於是她錦上添花地把眉毛畫得纖細曲折，看上去就是一副愁容。這在呼籲正能量的今天真心不應該被推崇，但是正因了這副發愁的樣子，才讓老公梁冀時刻牽掛，擔心不已。《風俗通》中就說了：「愁眉者，細而曲折，梁冀家所為，京師皆效之。」

孫壽的第二項法寶是「啼妝」。「啼」，顧名思義是哭哭啼啼，也就是在眼睛下面化妝，看上去就像哭過的樣子，所謂的「梨花帶雨」也不過就是這個模樣。不知你還記得否，現代也流行過這種「淚妝」，只不過今時今日的眼影看上去更加豐富多彩，淚妝也越發閃閃發亮。但不得不承認，這種妝容與二千年前孫壽發明的「啼妝」有著異曲同工之效，真是惹人憐，惹人愛呀！

第三項法寶名為「墮馬髻」。聽名字肯定知道這是指髮型了，想像一下，一個裙裾飄飄的美人從馬的一側墜落下來的情景吧。哎，你別著急啊，不是讓你想像摔得有多慘，而是定格於美人歪在馬一側的畫面。這墮馬髻就有點那個感覺，把髮髻梳向一邊，慵懶地耷拉著，看上去雖然沒有什麼形狀，卻有一種挑逗意味，是為「慵懶的性感」。

第四項法寶叫「折腰步」。意思就是走起路來纖腰不斷扭動，看上去就好像一不小心就能折斷了似的。當然，要走出這種步子，還是需要有前提條件的，那就是走路者至少要纖瘦，而且腰形要好，柔若無骨的樣子最佳。不然試想一下一個七八十斤的胖女人走路扭啊扭的，再怎麼使勁，估計也看不出「腰要折斷了」的效果。

孫壽的最後一項法寶，就是「齲齒笑」。這是個啥玩意兒呢？「齲齒」就是指蛀牙，難道齲齒笑就是笑得露出蛀牙嗎？當然不是，不過要是長了蛀牙，肯定會牙疼吧，要是牙疼的時候，肯定無法爽朗地哈哈大笑吧？這齲齒笑就是要這種效果，笑起來就像牙疼，微微抿嘴一笑就行了，最好嘴角還留著一絲疼痛的感覺，給對方留下一個「你連笑起來都不快樂」的印象。

你想想，一個漂亮的、嬌小纖瘦的美女，梳著慵懶的墮馬髻，走路像蛇一樣扭動著細細的腰肢，再仔細看這臉上的妝容，細挑的眉頭好像在發愁著什麼事情，眼底還有淡淡的淚痕，即便對你莞爾一笑，也覺得暗藏悲傷，你是不是有一種想立刻將她摟入懷中的衝動呢？如果你是一位男士，並且點頭了，那恭喜你，你很可能成為孫壽美眉的「花下鬼」。

美容美髮的先驅

可以說，孫壽是將美容美髮當作事業來發展的鼻祖。她對化妝和髮型進行大膽的改革，並不是單純地朝著「好看」的方向去發展，而是賦予其更深刻的內涵，那就是如何以此扮相抓住男人的心。一個女人一旦想要取悅並且想拴住一個男人的心時，其力量不可謂不大，態度不可謂不篤定，行為不可謂不堅持。當然，孫壽也達到了自己的目的。

在東漢，梁冀和孫壽夫妻是政治名人，「出鏡率」很高，因此孫壽的扮相不可能只在家中讓梁冀看見，而是很快傳遍了大街小巷。雖然稍微知道點朝政事宜的人都對梁冀恨之入骨，但是孫壽這堪稱完美的「御夫扮相」，又讓很多女性羨慕不已，紛紛效仿。因此在這一時期，女人們大多成了「病貓」，走路慵懶無力，軟弱無骨，像是一陣風就能吹倒一般。

彼時在洛陽城裡有一個比較有名的診所，一段時間內客人多得應接不暇，而且都是男人到訪，諮詢大夫，家裡女人突然得了怪病，病徵就是臉色蒼白，一副愁容，連笑起來都是渾身疼痛的樣子。以前走路腳下生風，最近卻變得慵懶，走幾步就要摔倒。問起來，卻又說不出哪裡不舒服。

老實的大夫抓破了頭皮也給不出答案，只好晚上挑燈翻看醫書，希望在前人的經驗中找到答案。大夫的妻子見老公大半夜還不來睡覺，有些生氣，便來到書房催促。只見老公一副疲倦且迷茫的樣子，細問之下得知原因，老婆覺得又可氣又可笑，揚起手拍了一下老公的腦袋說道：「那些女人沒有生病，她們不過是學習梁冀的夫人在媚惑自己丈夫呢！這招我也會……」說完故作站不穩的樣子，朝著老公懷裡倒去。

髮型面面觀

八卦了半天「孫氏扮相法寶」，咱們得回過頭來好好說說大漢朝女子的美容用品和方式了。

漢代女子很注重頭髮的清潔程度，從一些影視作品中可以看到，漢朝女子多喜歡讓長髮垂直於後背，在中段用髮帶束起來，這樣看上去既保持了長髮的自然美，也因為適當的束縛不再妨礙日常工作，可謂一舉兩得。但不盤髮，頭髮自然容易髒，如果不經常清洗，頭髮就會打結，那再美麗的長髮都顯不出魅力了。

你可能要問了，這及腰的長髮，難道整天就披散著，不做點髮型嗎？

當然不是。女人們為了彰顯地位和美麗，肯定是要在頭飾上下功夫的，如果頭髮只是披散著，能夠用於襯托的頭飾也有限，如果盤成不同的髮髻，便能夠用簪子、髮釵等美物。在等級森嚴的後宮，什麼品級的女人配什麼檔次的頭飾，也是有一些不成文的規則，不得不小心謹慎，要是哪天不小心和皇后「撞飾」了，那可就吃不完兜著走了。

一般說來，中老年女性的髮型都比較保守，因為已經過了那個青春無畏的階段了。她們通常將頭髮梳成「銀錠式」，也叫「馬鞍翹式」，也就是將長髮全部結成髻，整個髮髻向後傾斜，像一個銀錠模樣。

年輕一點的女子則會更加花心思，將頭髮先編成辮子，然後再將髮辮或盤成雙環，或盤成單髻，或在頭髮末端繞成圓錐形。雖然樣式各有不同，但相信還是能看出一點相同的，那就是漢朝女人不管散髮還是盤髮，多在腦後進行，而且在後期，髮型則有越挽越高的趨勢。

化妝品小覽

說完了頭髮，再來說說美妝。別以為塗脂抹粉是現代人才有的玩意兒，自古女人都愛美，化妝那是幾千年前就開始的行當了。在大漢朝，女性尤其注重眉毛的修飾，她們喜歡用很黑的炭筆來畫眉，而且在畫眉之前，要先把不規則的眉毛拔掉，以保持整體的美觀。《釋名．釋首飾》中記載道：「黛，代也，滅眉毛去之，以此畫代其處也。」意思是說去眉就是為了修飾美觀。不信去翻看一些漢代的繪畫，多見細眉俑，相信一定是參照了當時女性流行的眉形塑造的。前面說的那位孫壽美女，她的眉毛不也是在細眉的前提下改良的嗎？

纖細濃黑的眉毛自然要配上比日光燈還白的臉蛋，這樣才能形成鮮明對比。沒錯，女人們就是這麼做的，不要覺得影視作品中那些女人慘白的臉很嚇人，這的確是那個時候的潮流。而她們用來抹臉的東西，也叫作粉。《急就篇》裡面記述道：「謂鉛粉及米粉，皆以傅面。」也就是說，有的女人為了漂亮，不惜用鉛粉來敷臉，原來在化妝品中加入鉛的歷史是如此悠久！

不過大部分粉還是正規原料製成的，用高粱米等穀物經過一次次的精細研磨之後，再經過過濾、沉澱、曝曬等工藝，最終製成米粉，這些步驟，在《齊民要術》中均有詳細記載。

隨著粉的出現和大規模使用，胭脂自然不能落後，有人發現，在兩頰抹上淡淡的腮紅更能襯托出整張臉的潔白，於是便在米粉中摻入了某種花的汁液和朱砂，不斷變換比例，終於製成了絕美的胭脂。

據傳，胭脂的產生和張騫有關。這位「中國最美大使」從西域帶回了很多稀奇古怪的東西，其中一種叫作「紅藍」，這種花開花之後非常美麗，而且花瓣裡面含有紅色和藍色兩種色素，收集花瓣不斷捶搗研磨，淘去黃色的汁液後就能夠獲得鮮豔的紅色顏料。

實際上，我們所說的「胭脂」用途有二，其一是作為腮紅，其二作為口紅。說起這口紅，在漢朝是非常有特點的，女子畫紅唇，只畫唇中間的部分，活脫脫一張「櫻桃小口」，的確又個性又迷人。重要的是，這與漢朝的審美觀非常契合，瓜子臉、細挑眉、高鼻樑和櫻桃小嘴。你是不是也喜歡上了這種極具東方特徵的美呢？

三十一 長裙雖好，裙擺記得撩——留仙裙引領的女裝風潮

歷史上因為某個女人的一句話或者一種裝扮引發的潮流或歷史事件並不少。還記得《甄嬛傳》裡面，皇帝親自為甄嬛化的那「姣梨妝」嗎？雖然看上去不怎麼樣，但因為是皇帝為愛妃親手所繪，迅速紅遍大江南北，成為宮裡宮外競相效仿的妝容。

差點飛走的美人

女人真是世界上最可愛的動物，雖然在男權至上的封建社會，女人幾乎沒有什麼地位，但如果這個世界只有男人，那將會變得多麼了無生趣。還是有些男人知道這個道理的，由他們對女人的著迷可見一斑，比如西漢的其中一位皇帝——劉驁。

說起這個名字，你可能覺得有點陌生，這也不奇怪，咱們平時看的影視作品，聽的野史八卦，提到的皇帝都不會直呼其名。不過要說起劉驁的皇后趙飛燕，你是不是已經會心一笑了呢？咱們今天就要去拜訪一下這位大名鼎鼎的美人。

此時的趙飛燕還非常年輕，入宮以後被封為婕妤，她不但長得漂亮，而且舞跳得特別好，因此頗得漢成帝劉驁的寵愛。

宮中太液池中心有一個小島，名為瀛洲。因為漢成帝太喜歡趙飛燕了，因此非常願意花心思來製造浪漫。他命人在瀛洲上搭起一座高臺，據說有四十尺高，也就是相當於十多米的高度，為的就是讓趙飛燕在這個高臺上跳舞。一來可以突顯趙飛燕的與眾不同，二來也能滿足皇帝的審美需求。然後，他又命人找來了無數的船置於湖面，圍繞著瀛洲，製造出「千人舟」的效果。一切就緒，只等美人登場了。

這一天，微風拂面，花園裡的花姹紫嫣紅，芳香怡人。太液池碧波蕩漾，千人舟隨著波浪起起伏伏，搖搖晃晃，人都要醉了。漢成帝心情大好，邀請親愛的飛燕美人同遊太液池，泛舟到了中心瀛洲。

「親愛的，此高臺為妳而搭，絲竹管弦為妳而備，滿園芬芳不及妳分毫，一潭碧波亦為妳傾倒……妳不妨為朕舞一曲吧！讓馮無方為妳吹笙伴奏，朕為妳打節拍……」

於是，穿著南越國進貢的「雲英紫裙」的飛燕美女就登上了高臺，伴著《歸風送遠》的音樂，翩翩起舞。一邊跳著，一邊嘴裡還哼唱著：「我現在飄飄然就如登仙一樣啊，馬上就要告別舊有的一切去迎接新生活了……」

這時候，忽然刮起了一陣大風，飛燕美女站在高處，那麼纖瘦，那麼孱弱，風狠狠揚起她的衣裙，似乎連她都要一起卷走了。據史學家推測，當時的趙飛燕體重可能只有三十八公斤左右，那簡直可以用「瘦骨嶙峋」來形容，這不正是一陣風就能吹走嗎？

皇帝老公也立刻意識到了這一點，他不顧形象地站起來對離趙飛燕最近的伴奏馮無方喊道：「無方，快幫我抓住她！」馮無方眼疾手快，一把抓住了趙飛燕那薄如蟬翼的裙裾，這一撲騰間，大風已經刮過去了。

馮無方鬆手後，發現趙飛燕的裙擺因為他太用力而抓出了一把皺褶，心裡暗呼不妙，也不知道皇帝這位愛美的婕妤會怎麼發火呢，誰承想，皇帝倒先鼓起掌來，笑道：「這裙裾有了這般褶皺，似乎更顯風情啊！」頓時將馮無方從戰戰兢兢中拯救了出來。而趙飛燕本人似乎也很喜歡這個無意中製造出來的效果，柳眉一挑，發嗲地說道：「那不妨照此製幾身衣裳，還望皇上賜名。」

漢成帝沉思片刻後說道：「剛才大風過境，朕見妳似乎要被這風帶走了，妳是如仙女般美麗的人，朕怎麼捨得失去妳？不如就叫留仙裙吧。」

自此，這款因意外而設計出來的裙子便得名「留仙裙」，而這個款式也迅速在宮裡面流行起來。具體的款式就是改變了從前女性裙子下擺垂直發散的傳統，改為略帶褶皺發散，就像一朵盛放的喇叭花，花瓣縱向褶皺起來。這樣不但看上去更增添了蓬鬆自然的感覺，走路的時候更加搖曳生姿。這樣的裙子穿在練過體型、注重步態的趙飛燕身上，真是把裙子自身的優點發揮到了極致。

美美裙子惹人愛

美人配衣服，衣服配美人，甭提有多美了。留仙裙並不單只美豔了趙飛燕一人，也不僅僅讓後宮中的女子競相效仿，實際上，在很短的時間內，這一裙裝就流行到了全國各地，家裡稍微有點節餘的，女子都開始改穿留仙裙，這樣雖然製衣成本有所增加，但魅力值也是直線飆升，正所謂「人靠衣裳馬靠鞍」嘛！

當然，想要在褶皺中找到飄逸的效果，布料的選擇非常重要。普通的粗布即便能夠織出褶皺，想來也不會有搖曳生姿的感覺；絲綢面料雖然也很飄逸，但光滑的表面如若勉強做成褶皺，看起來反倒很繁瑣，還非得那薄如蟬翼的紗才行。

不過長裙雖好，卻有些不方便，不管如廁也好，沐浴也罷，要是不注意撩起裙襬，估計得把昂貴的長裙弄髒。幸好那個時候沒有短裙，不然趙飛燕美女憑藉著無可挑剔的身材，定會把裙子裁剪得都不知道有多短了。

不過長裙也好，短裙也罷，由知名人士掀起的潮流力量的確不可小覷，儘管效仿的人群不乏東施效顰之輩，但正因為有無數人追捧，才能將美的東西發揚光大，也正因為有太多人追捧，才會促使那些有才華、有創造力的人去開闢更新的領域，創造更美好的東西，推動時代進步。

三十二 「奇葩」無數，彪悍人物輩出的年代——漢朝的遊俠之風

司馬遷在《史記》中專門開闢了一章，為漢朝一個特殊的群體留下了難能可貴的文字紀錄，也真真實實地剖析了這些人的好與壞，這群人被稱為「遊俠」。是不是覺得這個詞陌生又熟悉呢？是不是瞬間又想起《唐吉訶德》裡面的主人公呢？在中國，那是在西元前就已經有遊俠進行著邊旅行邊工作的生活了！

漢朝第一大俠

怎麼樣，你是不是也躍躍欲試，想要身披鎧甲跳上戰馬，英姿颯爽地周遊世界了？別著急，不要把遊俠這個職業想得那麼簡單，除了騎馬看風景之外，你還得發揮

「俠」的作用，做些行俠仗義的事，必要的時候，出於工作職能的要求還得當一下「流氓」。

不信，看看郭解郭大俠是怎樣混跡江湖的吧。這位可是司馬遷濃墨重彩講述的一個人，而且從其語氣可以看出，司馬遷是真覺得郭解堪稱「漢朝第一大俠」。這時候，你腦海中是不是已經浮現出一個高大威猛、血氣方剛的男兒形象了呢？不過你可要失望了，因為郭解不但身材矮小，而且相貌看上去還有些猥瑣，總之與什麼「浩然正氣」、「帥到沒朋友」一點關係都沒有。

其貌不揚的郭解倒是天生有著陰鷙兇狠的血統，在少年時候，他就借著「快意恩仇」的說法，揚刀殺人，而且殺死過不止一個，刀起頭落間，似乎從來沒有感到過害怕或者自責。他的行為雖然殘忍，卻有一個「行俠仗義」的名號，因此獲得了很多人崇拜，也有了那麼些兄弟願意和他一起出生入死。

也許是郭解還算講義氣，所以他竟有些幸運，違法亂紀之後很少被抓住，即便被抓了，也都能僥倖逃脫厄運，他的前半生就這樣有驚無險地過來了。年紀稍微大些的時候，郭解開始反省自己，他覺得自己的俠義之風沒有錯，只是有時候脾氣急躁了些，處事方式過於冷酷。於是他開始改進自己的行為，對身邊的人多了些付出和關心，也不再期待獲得等同的回報。他做了一些仗義的事，也不再到處自誇了。郭解之所以被司馬遷肯定為「俠」，與他後半生的處事風格不無關係。今天就挑出幾件說說，看看漢朝的俠義之士到底是什麼樣子。

事件一：

郭解的外甥，也就是他姊姊的兒子自小在郭解身邊長大，學到的是郭解「用暴力解決問題」式的殘忍。有一次，這位少年在街邊與人鬥酒，逼著對方乾杯，對方酒量小，一再推辭。少年覺得對方非常不給面子，於是端起酒壺二話不說就要往對方嘴裡灌。

少年平時欺行霸市慣了，這次卻遇到了一個狠角色，人家一再禮讓他卻得寸進尺，惹毛了人家，只見那人以迅雷不及掩耳之勢從腰間拔出一把刀，朝著少年捅去，當場就將少年捅死了。

郭解的姊姊聽聞此事悲痛欲絕，她想不通，憑著他們郭家在當地的「惡勢力」，居然有人敢殺了自己的兒子又逃逸了！這種羞辱要如何忍耐？於是，性格有些極端的她把兒子的屍首放在路邊，拒絕殮葬，陰陽怪氣地對郭解說道：「弟弟你是講義氣的人，一向和姊姊要好，誰承想如今有人殺了姊姊的兒子，你卻連兇手都沒辦法找到……」以此羞辱郭解。

郭解怎麼會不惱怒呢？死的畢竟是他的親外甥，於是他托朋友找關係，四處打聽兇手的下落，終於被他找到了。郭解決定親自去解決這個殺人兇手。

當郭解見到兇手時，對方既沒有立刻衝過來為捍衛生命而動手，也沒有惡狠狠地挑釁，而是非常愧疚地向郭解道歉，承認錯誤，而且詳詳細細地說出了當時的經過。一貫行俠仗義的郭解內心明白了過錯在誰，於是他對兇手說道：「這件事是我的孩子錯在先，你殺了他本也不為過。」於是他便放了這個兇手，然後好好地掩埋了外甥的屍體。

這件事情很快就在鄉里鄉親之間傳遍了，人人都稱讚郭解的道義，對他是又敬重又害怕。

事件二：

郭解在當地的聲名除了「講義氣」之外，還有「狠辣」，所以一般百姓見到他還是會感到害怕，每當他回到縣城或者出門溜達，膽小一些的人都躲著他靠邊走。但獨有一個人，見到郭解從來都是目光直視，不閃不避，沒有絲毫敬畏，也從不主動上來招呼，態度十分傲慢。

郭解的門客有很多都看這個人不順眼，揚言要宰了他，但郭解卻阻攔道：「我在這個地方混，不是為了燒殺搶掠，我希望以我的言行贏得大家的尊重。這個人有什麼錯？他不把我放在眼裡，只能證明我做得還不夠好。我應該從自身努力，你們不要再喊打喊殺了。」

此後，郭解暗暗吩咐手底下的人，要多多關照這個人：「我很關心這個人，如果輪到他服役，希望能夠加以免除。」

此後多次服役，縣衙裡面都沒有這個人的名字，和郭解相熟的人感到奇怪，都聽說這個人對郭解傲慢無禮，何以不直接徵收他來服役呢？而當事人也感到奇怪，細細打聽之下才知道，原來是郭解免除了他的差役之苦。

傲慢的人低頭了，上門找郭解「負荊請罪」，而郭解也好言相待，絕口不提以前種種好與不好。他這樣的行為令少年們佩服不已。

看了這兩件事，是不是覺得郭解後來簡直就是一個頭頂光環的大善人呢？不但為人謙厚，而且樂善好施，同時擁有著絕對的支持率，堪稱完美。哪有這麼好的事兒呢？倘若如此，郭解也就不能被稱為「遊俠」，而是「慈善家」了。

這個職業不輕鬆

漢武帝元朔二年（西元前一二七），朝廷頒佈了一道命令，要求各郡國的有錢人統一搬遷到茂陵居住。而判斷是否需要搬遷的標準，就是家中產業與流動現金數目加起來在三百萬錢以上。這三百萬錢大概相當於現今四千五百萬元人民幣，所以這只是在跟有錢人說事兒，和大頭百姓毫不相干。

這件事情原本與郭解也不相干。雖然他在城中很有名望，但他並沒有多少錢，這些年不是忙著走這裡調解糾紛，就是去那裡視察風土人情，錢都花在「旅遊」上了，也未曾開闢什麼大產業。況且慕名而來投靠他的人很多，豢養門客也是一大筆錢。因此，郭解和有錢人並沒有畫上等號。

但還是出問題了。

楊季主的兒子是郭解所在縣城的縣長，不知道他是妒忌郭解的好人緣，還是性格本身具有的陰暗面，總之他將原本不符合條件的郭解寫在了遷徙名單中。底下具體辦事的官員見上司有意如此，也不敢違拗。這事恰好被當時叱吒風雲的衛青將軍知道了，於是衛青就跑到漢武帝面前為郭解求情，說這位郭解家裡沒有錢，實在不符合遷徙標準。

可是皇帝卻回答道：「這個郭解只是一介平民，卻能動用你大將軍來為他求情，可見他並不窮。」於是郭解只能與那些有錢人一起遷到了茂陵。

這件事情讓郭家人很是生氣，這縣長挾私報復，以權謀私，該殺！

因此郭解哥哥家的兒子謀劃了一頓之後，找到楊縣長，並砍掉了對方的頭。自此，郭家和楊家就結下了深仇大恨。

郭解家真的沒有錢，換個地方，一切都要重新開始，置地蓋房子、裝修買傢俱，哪一樣不要用錢？幸好郭解人緣好，之前那些朋友、門客，相互奔相走告，居然為他籌了很多錢，這下郭解不用為錢的事情發愁了。可欠的人情總是要還，要不是楊家，他又何必離鄉背井，還欠下這麼多債呢？

反正現在郭楊兩家這個梁子是結下了，乾脆一不做二不休，連老頭子楊季主也一併解決了吧。於是在一個夜黑風高夜，郭解伺機跳入楊家，把楊老頭殺死了。楊季主家人早晨發現了老頭的屍體，又驚又怒，立刻寫了訴狀就往皇帝那裡告狀。然而有忠於郭解的朋友，在半路就將告狀之人攔下宰殺了。

這件事傳到了皇帝耳朵裡，皇帝遂感關中地區治安不好，主要就是這些所謂的「俠士」縱容手底下的人胡作非為，於是本著「擒賊先擒王」的道理，命人將郭解抓回來問罪。

郭解早早收到了消息，趕緊收拾東西跑路。他把老母親安頓好了，便隻身逃到了臨晉。這裡有一位籍少公，以仁義聞名，郭解冒昧地去拜訪了籍少公。二人在房內傾談了幾個時辰，很是投緣，籍少公便應了郭解的請求，將其送出關去。

郭解所路過投宿的地方，他都會和主人成為很好的朋友，大家同情他遭遇的同時，也為他宰了楊季主拍手稱快。

朝廷卻不這麼看，郭解的行為畢竟目無法紀，理當問斬，於是派遣了追兵尋著郭解的線索追查，一來二去查到了臨晉籍少公家。籍少公這個人非常看重朋友情誼，寧願死也不願意出賣郭解，最後在官軍的逼迫下上吊自殺了。郭解的線索也就此斷了。

很長時間之後，郭解才在一個偏遠的地方被抓獲。抓獲之後需要做的事情就是要給這個人定罪。主審官非常不喜歡郭解，於是很刻意地翻查了郭解之前的「檔案」，這一查，就找出了很多陳芝麻爛穀子的事，如郭解自己背著的殺人案件，以及郭解的朋友、門客為了他所犯下的罪行等，這些都算到了郭解的頭上。最後，郭解被判了非常重的刑，誅三族。一代遊俠便這樣嗚呼哀哉了。

司馬遷想來是非常喜歡郭解的，不惜花很大篇幅講述了郭解的一生，而且也可以看出來，在漢朝，遊俠這種職業是非常特殊的，既要奔波，又要逃避追捕，重要的是在這個過程中，還得不停地結交江湖好漢，所謂「多一個敵人不如多一個朋友」，省得關鍵時刻被人出賣。總之就是既要有膽識，又要有見識；既要臉皮厚，又要口才好；既要能騎馬，又要能跑路，簡直是響噹噹的全能選手。

三十三 漢武帝的神仙夢

——求仙問道為長生

傳說在渤海灣裡有三座「仙山」，分別叫蓬萊、方丈和瀛洲。在三座山上住著三位神仙，他們手上有一種非常奇妙的藥，名為「長生不老藥」。當然，有幸吃了這種藥的人，就可以長生不老了。當一個叫徐福的方士把這個消息告訴秦始皇的時候，始皇帝的眼睛一亮，即刻密令徐福率領三千童男童女出海去訪仙，定要找到這長生不老藥帶回來。始皇帝心裡的小算盤打得劈啪響：「這坐擁天下的感覺簡直太美妙了，我要永遠這麼活下去！不管用什麼方法！」

求仙路的開始

當然，徐福沒有找到長生不老藥，出海後一去不復返。始皇帝當然也就沒逃過生老病死的「厄運」，死在了他周遊天下的馬車中。即便徐福真的訪到仙人，捧著幾粒藥丸回來進獻，秦始皇該駕崩的時候還是得駕崩，一點不耽擱，而且就連他建立起來的強大帝國，也在不久之後全盤崩塌了。

關於長生不老的傳說，讓人聽了直搖頭，因為不管從生物學、細胞學，還是其他學科的理論和實踐都能證明，生老病死乃人之常態，誰也不可能一直活著不死。

可是，就這麼個簡單易懂的道理，自古君王將相，卻裝作不知道的樣子，對各種與「長生不老」相關的東西，關注得不亦樂乎。而且最為可笑的是，他們不是不知道人活著總有一死，卻依然固執地希望，自己作為「君權神授」的享有者，必然能得到神的庇護。

其實始皇帝並不是特例。他死了之後，秦二世沒享受幾年就把江山拱手讓出，這位略帶神經質的皇帝，唯一比他老爸強的地方就是心裡清楚明白，自己成了亡國奴，結局不外乎一個死，於是他極不情願地自殺了。

江山落到了劉邦手上。這個時候的天下一團亂麻，劉邦整天忙得不亦樂乎，幸好他頗懂得用人，把合適的人擺在合適的位置，他也樂得有大把時間風花雪月。不過即便他成了皇帝，人人捧著他，無數的走方人士也試圖到他面前推銷各種靈丹妙藥（首推長生不老藥），但劉邦對於死生之命還是比較清醒的。有一個事例可以佐證。

劉邦晚年獨寵戚夫人，無數次想廢了太子劉盈改立戚夫人的兒子劉如意。但是大臣們已經在呂雉的多方努力運籌下，結成了龐大的「太子黨」，劉邦想要違背大家的建議一意孤行，還是很有難度的。而且他也發現了問題，第一，他可能活不了多長時間了；第二，他死了之後，留下一堆鬥爭了小半輩子的女人冤家，而戚夫人無論情商還是智商都比不上呂雉。

若論為兒子爭地位，戚夫人是輸定了。作為皇帝的劉邦也只能無奈地對戚夫人說道：「我欲易之，彼四人輔之，羽翼已成，難動矣。呂后真而主矣。」說罷借著酒意高歌，成就了千古絕唱《鴻鵠歌》。

不管劉邦再怎麼寵愛戚夫人，中意劉如意，他也無法撼動呂雉為劉盈鋪墊好的前程，這恰好反映了一個問題，劉邦知道自己是不可能長生不老的，如果他內心有這種期許或者自信的話，他完全可以熬著，熬到呂雉死了，熬到一幫大臣死了，他自己也幹不動皇帝這行了，到時候再把位子讓給劉如意，豈不是順理成章？

事實上，劉邦在位也沒有多少年就死了，前些年忙著南征北戰，後幾年忙著開闢新帝國，他真心沒有多少時間來考慮有關長生不老的事情。因此在他的時代裡，並沒有出現什麼求仙問道之類的事情。

我要活得更久！

呂后干政，一番大亂之後，代王劉恒被推到了皇帝寶座上，這個頗通韜晦的男人白撿了個皇帝當，而且當得還不錯。這個時候的西漢才慢慢向好的方向發展，日子舒服了，人們開始有閒心琢磨點其他事情了。

皇帝充實自己的後宮是無可厚非的事，然而當如花似玉的美女成群站在面前，男人最擔心的問題是什麼？是怕自己無福消受！在這個問題上，漢武帝最有發言權，因為他對女色的渴求遠勝於他的父親或是爺爺，而這種渴求也喚起了他強烈的「長生」願望。於是，他也陷入了「找神仙」的無盡遊戲當中。

實際上漢武帝對於長生不老的追求，只是信仰的一部分，整體來說，「求仙」是自秦延續到漢的一種傳統信仰，這種信仰是基於人們力圖調整自己的思想和行為，來順應天地萬物的永恆運轉的理念。

解釋得稍微通俗點，就是說，漢朝人一直以來都敬畏神明，敬畏自然。他們發現自然的變化是有週期性的，比如花開花落、季節變換等，而這些變化會根據一定的週期永恆地運轉下去。這是一種非常強大的力量，非人力能夠改變，但是人們卻可以透過一定的管道與這些力量進行交流，避免禍端。這個管道的代表就是神。基於此，人們對神是非常信任的。而期望神能在長生不老方面給自己指點迷津，只是對神的信仰的一部分。

司馬遷在《史記・封禪書》中記載了漢武帝在位四十餘載對於神仙孜孜不倦的追求，以及相應的一系列祭祀天地山川的事件，充分說明了漢武大帝的確是一個非常虔誠的信仰者。

在漢武帝時期，先後出現過幾個非常知名的方士，第一個也是最著名的一個叫李少君。在說李少君的故事前，先普及一下什麼叫作方士。

所謂方士，就是有方之士的簡稱，又叫「方術士」，實際上就是道士的前身。《史記・秦始皇本紀》中有言：「方士欲煉以求奇藥。」

方士這個職業發展到漢朝，人逐漸多了起來，形成了龐大的「方士集團」，專門作為神仙的「形象代言人」遊走天下。而他們所修煉的方術據說是受到神仙的指引，主要操作有服食仙丹、祠灶煉金、行氣吐納、召神劾鬼，根據不同的方式分為不同的派別。

當李少君方士裙裾飄飄，似騰雲駕霧般出現在二十四歲的漢武帝面前時，漢武帝眼睛都亮了，雖然他嘴上不承認，但實際上心裡觸動還是很大的，因為眼前這個人看上去似乎就是為神仙「傳話」而來的。

李少君像是一眼就看穿了漢武帝的內心需求，他用一種飄乎乎帶著仙氣似的語調告訴漢武帝，他曾經見過那個名叫安期生的仙人，在仙人修煉的山洞旁邊，安仙人贈予他一顆仙家享用的巨棗。這下可把漢武帝羨慕得不輕，睜眼閉眼都在幻想自己與安期生仙人的對話。

然後，李少君又神祕兮兮地告訴漢武帝，如果祭祀灶神，就能夠招來神物，而這神物可以將丹砂變成黃金。如果皇帝用這種黃金打造的器皿吃飯喝水，就能夠延年益壽，而且還能見到蓬萊仙境的神仙。只要見到神仙，剩下的事情就好辦了，因為神仙是不會輕易見凡人的。到那個時候，皇帝只需要和神仙搞好關係，求神仙給自己封禪，就能夠長生不死了。

從最後的結果開始回溯，那最初的準備工作，就是祭祀灶神。「於是天子始親祠灶，遣方士入海求蓬萊安期生之屬，而事化丹沙諸藥齊為黃金矣。」你有幸看到了宮中搞笑的一幕，漢武帝拜完祖宗之後，又去祭拜灶神，煞有介事。可見他對李少君所說的話深信不疑。

接下來沒幾年，李少君病死了，那神仙給的巨棗當然也沒能留住他的生命。但他對漢武帝實施的「洗腦術」效應卻一直延續。漢武帝不但沒有因此懷疑神仙的神力，反而找了很多人按照李少君留下的方術繼續研究，以求昇華。

在封建帝王統治年代，皇帝喜歡幹什麼，那是全天下都要知道並且跟風的。聽說他那麼虔誠地求仙，全國各地的方士都齊聚到長安城裡，想要毛遂自薦，在漢武帝那裡「博上位」。

這個時期的方士們像是改行了，從修煉改成了寫小說（只不過小說還在腹稿階段）。幾乎每個人都在內心編造了幾個與神仙互動的故事，而且渲染了很濃厚的神祕色彩。他們繪聲繪色地在漢武帝面前講述這些故事，而我們英明神武的漢武帝呢？聽得津津有味，不斷問這問那，一副好學生的模樣。最後，還一絲不苟地按照方士們提供的思路進行求仙活動，不管規模有多大，有多麼不可思議。

術士的榮辱興衰

有道是「伴君如伴虎」，事情遠沒有那麼簡單。

這一年，宮裡來了一個名叫少翁的方士，稱自己精通鬼神。為了顯示自己的能耐，他在一個伸手不見五指的夜裡，為漢武帝「招」來了其寵妃李夫人的「魂魄」。親身體會了一把招魂術的漢武帝非常欣賞少翁，他深深地相信，既然少翁能夠招來魂魄，一定也能夠請來神仙。於是他封少翁為文成將軍，賞賜了很多值錢的東西，每日好吃好喝地供養著。

少翁一看漢武帝這麼好忽悠，便升級了自己的欲望。想要獲得更多的賞賜，當然要想辦法戳到漢武帝的心坎上。於是少翁告訴漢武帝，宮裡面的被服不招神仙待見，所以神仙不想來這裡。如果皇帝要迎接神仙，那得建造一座宮殿，把宮裡的被服全部換掉，按時祭祀天、地、太一諸神，天神應該就會降臨了。

漢武帝這時候正寵信少翁，對這些話當然深信不疑，一一照做。可是宮殿修好一年多，還是沒見著神仙的影子，漢武帝不高興了，讓少翁過來給自己解釋解釋。

少翁心裡清楚，要是沒個交代，恐怕是說不過去了。於是他想出了一個主意，把帛書和著草餵給牛吃了，然後把牛帶到漢武帝面前，再施展自己的「神術」，透視到了牛肚子裡面有奇物。漢武帝遂令人殺了牛，果然從牛胃裡翻出了一本書。

然而漢武帝還真不是那麼好忽悠的，他一眼就看出了這件事情有假，但皇帝就是皇帝，他微笑著，一如既往，對少翁露出了信賴的眼神，少翁長舒了一口氣，為自己的能耐自鳴得意，他當然不會料到，在寢殿裡等待著他的，是劊子手。

少翁被漢武帝誅殺了，而且這件事情整個宮廷祕而不宣。說到底，還是因為漢武帝覺得沒面子。你想想，這少翁說什麼，漢武帝就做什麼，改了被服，建了「神仙殿」，可連神仙的影子都沒見到，且不說漢武帝迷信，這所托非人一項就夠沒面子的了。

漢武帝雖然殺了少翁，但是他對求仙問道這件事依然沒有死心，他頂多覺得少翁學藝不精，使用詐術罷了。所以即便殺了少翁他也不聲張，要是傳開了，哪裡還有方士敢來進獻方術呢？

由對待少翁的態度和方式可以看出來，漢武帝絕對不是一個整天心心念念只想找神仙的傻瓜，他對世事有著相當的洞察力，可你肯定會問，為什麼這些方士的伎倆看起來如此拙劣，何以每次都能在漢武帝面前行之有效呢？

也許就是因為漢武帝太怕死了吧，骨子裡那種對神仙的信仰結合了想長生不老的欲望，讓這位飽受爭議的皇帝在各類方士面前亂了手腳。

他在位的幾十年中，對長生不死的追求可謂相當執著。除了寵信方士，在宮裡面搞些「怪力亂神」之外，他還無數次出巡，上過山頂，到過海上，一路浩浩蕩蕩，耗費的錢財無以計數，對當地百姓帶來的不良影響更是無法估計。

所幸，到老的時候，漢武帝似乎慢慢領悟，即使作為天子，也依然無法逃脫死亡的命運，而且由於自己的執念，導致社會危機四伏，宮中巫蠱作祟，由此釀成的家庭悲劇、社會悲劇簡直可以書寫一部血淚史了。他不得不收拾心情，重新考慮江山的事。

長生之夢寄予蟬

然而，他對於長生不死的追求似乎已經融進了血液，又遺傳給了子孫們。在他之後，漢昭帝劉弗陵、漢宣帝劉詢對於神仙的崇拜和追求依然孜孜不倦。可以說，在武、昭、宣三朝，神仙的地位是頗高的。而民間對於神仙最直接的訴求，便是希望神仙能保佑其能長生不死。不信，去翻翻這三朝各地的戶口冊，諸如「壽」、「長生」、「永生」等與壽命有關的字詞被廣泛用於姓名當中，即便長生不死不能成真，也象徵著美好的願望。

由皇帝帶動黎民百姓的「無腦」行動還有一則，那就是對蟬的喜愛。蟬的幼蟲只能夠在泥地裡蠕動，可是經過一段時間的「修煉」，竟然能夠破殼而出，飛上樹頂，完全變了一個模樣，宛若獲得了新的生命。那個時候的達爾文還沒有出生，「進化論」更是陌生的詞語，人們對於這種奇妙的現象以及蟬這種神奇的生命，可謂佩服得五體投地。比如班固在《終南山賦》中就說道：「彭祖宅以蟬蛻，安期饗以延年，唯至德之為美。」

既然對蟬這種生物充滿喜歡和崇拜之情，自然也會將希望寄託其上，因此「蟬」這個形象也成了漢朝的「流行風」。寫蟬的詩詞層出不窮，以及繡有蟬的花紋、雕刻成蟬狀的玉石等也都隨處可見。自漢代始，皆以蟬的羽化比喻人能重生，所以在整個漢朝以及以後的歲月中，「蟬」的形象無可替代地活在了人們長生的夢裡。

第七章

婚姻圍城裡的那些奇趣事兒

漢朝裡可淨是奇女子，
比起現代女性那是魅力絲毫不減。
她們開放、自由、獨立，
在面對婚姻問題上更是遵循著「開心就好」的原則，
她們可以協議離婚，
寡婦可以再嫁，情侶可以私奔。
可以說在漢朝，
婚姻裡的奇趣事兒比現在精彩多了。

三十四 劉邦後宮裡出了個女漢子

——宮鬥，這個才叫狠

有人的地方，就有江湖；有江湖的地方，就有鬥爭。而在皇帝的後宮，那占地廣闊的深宅大院中，成堆的女人就圍繞著一個男人轉，且不說女人天生善妒，就光是這競爭之激烈，失敗代價之慘痛，也逼得人不得不從柔弱變驕橫，從單純變深沉。咱們一起去瞧瞧，親自感受一下那雲譎波詭、爾虞我詐的宮鬥氛圍吧。

女漢子的復仇記

開頭先來點重口味的，不過因為口味太重了，以至於流傳千古，到現在說起來，都還能隱約感受到那恐怖的氣息。

你一定還記得西漢開國皇帝劉邦一統江山之後，沒幾年就駕鶴西去的事情吧。他死了之後，其強勢厲害的老婆呂雉就掌管了江山。本來，管著國家大事就已經很煩心了，但呂雉顯然精力充沛，還能挪騰出時間來，一一收拾那些情敵。

當了半輩子怨婦，這事兒也不能全然怪呂雉，男人要是不花心，女人哪裡來那麼多醋罈子可以打翻。關鍵還是劉邦活著的時候太多情，左擁右抱尚不能滿足，一夜風流的事情更是不計其數。作為原配夫人的呂雉與他相處的時間反而是最少的，待到劉邦功成名就，她已是人老珠黃，只能看著劉邦流連在美人堆裡，而她自己則飽受嫉妒仇恨的煎熬。

這種情緒在體內持續醞釀，最終扭曲成一股異常強大的報復力量，而這股力量首先便在劉邦最寵愛的戚夫人身上體現了出來。

為什麼是戚夫人首當其衝呢？當然是因為劉邦生前非常寵愛她，時時與她相伴左右，幾乎忘記了髮妻的存在。不過最重要的還不只因為戚夫人獨獲劉邦的恩寵，而是因為戚夫人育有一子劉如意，她一直在背後慫恿劉邦，廢了太子劉盈，轉而立劉如意為太子。

「搶了我的老公，還要來剝奪我兒子的太子之位？是可忍孰不可忍！妳早些年太得意了，現在就來嘗嘗自己釀的苦果吧！」於是，呂雉以雷霆之勢迅速囚禁了戚夫人，又毒殺了劉如意，然後開始慢慢折磨戚夫人。

妳戚夫人不是臉蛋漂亮嗎？那我就挖掉妳的雙眼，用火一點一點把妳耳朵燒聾，看妳還怎麼漂亮？妳戚夫人不是身姿曼妙嗎？那我就砍掉妳的雙手雙腳，看妳再怎麼搖曳生姿？妳戚夫人不是嗓音清澈動聽嗎？喝下這碗啞藥吧，妳將一輩子無法再發出聲音……

就這樣，曾經美麗動人的戚夫人，經過呂雉一番變態至極的折騰後，變成了一團血淋淋的「肉球」，且有了個名字叫作「人彘」。這種酷刑，那是呂雉專門研發出來對付戚夫人的。

「彘」，是豬的意思，「人彘」，便是將人變成豬的一種酷刑。具體的執行方法沒有什麼嚴格的規定，胳膊和腿肯定是保不住的，至於到底是挖眼睛，還是割鼻子或耳朵，也全憑下令者的興致，最重要的是，要讓這個人彘不能再發出聲音，然後像豬一樣扔到又髒又臭的地方去，這最好的地方當然就是廁所了。

據說呂雉將已經不成人形的戚夫人扔到廁所之後，還專門命人帶著惠帝劉盈去「參觀」，當劉盈得知這團血肉模糊的肉球就是曾經的戚夫人時，差點沒嚇瘋，他失聲說道：「人彘之事，非人所為，戚夫人隨侍先帝有年，如何使她如此慘苦？臣為太后子，終不能治天下。」隨後，惠帝大病了一場，對朝政更是漠不關心了。

原本呂雉讓惠帝去看戚夫人的下場，是想鼓勵一下兒子，治理天下需有殺伐決斷的決心和狠心，沒想到反而弄巧成拙，讓惠帝徹底斷了當個好皇帝的念頭。好吧，沒辦法，兒子不理天下，只得老娘來兜著，好在呂雉也挺喜歡這個工作，幹得不亦樂乎。

陰差陽錯的皇帝

自古宮鬥，無非就是為著兩件事情，其一是皇帝的恩寵，其二是下一代的地位。其實說到底也是一件事情，女人們鬥來鬥去，拚妖媚、拚智慧、拚勇氣、拚兒子、拚老子，最終也是為了自己能在宮中好好活著。由此可見，這後宮之中果然水深，就算只想好好活著，也得先不懈地戰鬥。

正因為此，在封建王朝，宮鬥始終是不變的主題。呂雉的鬥爭，最後讓戚夫人死得很難看，而後面的歲月中，有五個女人的拉鋸鬥爭，巧合地成就了一位聖君。這位聖君，就是花很多時間也說不完道不盡的漢武大帝。不過這會兒可不是來論述他的功勳，而是八卦一下，他是怎樣機緣巧合坐上皇帝寶座的。

在西漢，儲君的確立一般遵循兩條依據：第一，立嫡子；第二，立長子。也就是說，如果正宮皇后有兒子，那太子就應該讓皇后的兒子來當。如果皇后沒有兒子，那就立皇帝的第一個兒子來當太子。

而漢武帝劉徹，是他老爸漢景帝的第十個兒子，被稱為「皇十子」，他的母親王娡，只是一個夫人。他既非嫡子，又非長子，放到誰那兒，都不相信他有一天會成為太子。

不過世事難料。因為幾個女人各佔一角的權力爭鬥，生生把這位「皇十子」劉徹繞到了漩渦中心。

第一位便是漢景帝的正室——薄皇后。說起漢景帝與薄皇后的婚姻，完全屬於政治婚姻，因為薄皇后是漢景帝的奶奶薄姬的親戚，為了鞏固自己薄家的地位，老太太就硬把這個侄孫女塞給了自己的孫子當老婆，指望能生個兒子出來繼續當皇帝，一統大漢天下。

可是，漢景帝對這個薄皇后一點兒都不來電，雖然給了她皇后的名分，但那根本就是個擺設。漢景帝也不去找她，所以這個正宮皇后一直沒能懷上孩子，那些什麼夫人美人之類的，倒是沒閑著，一個個生得不亦樂乎，這叫皇后怎能不傷心？但她也只能傷心傷心了。一個無寵又無後的女人，哪怕位居后位，又能怎樣呢？

皇后沒有孩子，太子之位自然就落到了長子劉榮的頭上。如果事情就這麼平穩地發展下去，過不了多少年，漢景帝一駕崩，劉榮自然繼位，那麼歷史上也不會出現所謂的「漢武大帝」這個人了。

劉榮最幸運的事情，是他出生的時候早，是漢景帝的第一個兒子。但最不幸的是，他有一個智商和情商都有所欠缺的母親，這位母親身在後宮之中，卻連宮門的初級水準都達不到，生生斷送了自己和兒子的前程，說出來都是淚啊！

劉榮的母親叫栗姬，一開始還頗得漢景帝寵愛。不過這個女人有點小氣，愛吃醋，愛鬧小性子。可漢景帝偏偏又喜歡美女，總是時不時地給自己添加新寵，栗姬就時常不高興，時不時地和皇帝老公鬧一鬧。

原本這也只是夫妻間的問題，算不得什麼大事兒。可中間有一個人卻起了大作用，攪渾了一鍋粥，這個人就是漢景帝的姊姊劉嫖，也就是館陶公主。

館陶公主嫁人之後，生了個女兒叫阿嬌。這位公主可不是省油的燈，她在夫家待不住，整天帶著女兒回到宮裡來，一副「唯恐天下不亂」的樣子，在宮裡橫行霸道。最重要的是，漢景帝那些美女，都是她給引薦的，而且一介紹一個準，漢景帝覺得離不開她，宮裡人自然都有些忌憚她。

劉嫖已經是公主了，雖然當不了權掌不了事，但一輩子錦衣玉食那是沒問題的。可她覺得遠遠不夠，她意欲為女兒搜羅一張更靠譜的「長期飯票」，最好能嫁給太子，以後坐上皇后寶座，那才更有保障。

這麼想著，她就開始張羅了。孩子的事兒肯定是父母做主，於是她就先去找太子的母親栗姬來談這門婚事。

沒想到，栗姬果斷地拒絕了。拒絕的理由很簡單，栗姬不喜歡館陶公主，因為館陶公主總給她老公介紹「女朋友」，這是赤裸裸的挑釁。栗姬倨傲的態度瞬間惹惱了館陶公主，一個如此不識時務的女人，將來要是做了皇太后，還怎麼了得？於是，一個巨大的陰謀開始在館陶公主心裡醞釀開了——她要搞垮栗姬！

其實到了這個時候，漢景帝後宮的鬥爭才正式拉開序幕，而他卻絲毫沒有察覺。他依然享受著姊姊時不時介紹來的美女，不亦樂乎。但有些敏感的人，卻已經察覺到了變化。

這個人，就是漢武帝劉徹的母親——王娡，她在宮中的封號是夫人，屬於地位中上的妃嬪。關於她的「發家史」，在這裡就不詳細說了，只說一點，這是一個非常聰明，而且懂得玩弄權術的女人，她聽說栗姬拒絕了館陶公主結親的要求，閑來無事，便帶著兒子膠東王劉徹在館陶公主面前晃悠。

這期間，就有了著名的「金屋藏嬌」的故事。在班固所寫的《漢武故事》中，是這樣記述的：「後長主還宮，膠東王數歲，長公主嫖抱置膝上，問曰：『兒欲得婦不？』膠東王曰：『欲得婦。』長主指左右長御百餘人，皆云不用。末指其女問曰：『阿嬌好不？』於是乃笑對曰：『好！若得阿嬌作婦，當作金屋貯之也。』長主大悅，乃苦要上，遂成婚焉。」

描述得簡單直接，一眼就能看明白，年少的劉徹哄得姑母很高興，於是館陶公主跑到皇帝面前好說歹說，給兩個娃娃說成了這樁親事。王夫人和館陶公主這就變成了兒女親家，雖然她們起初各懷心思，但有一點是相同的，她們都要為自己的孩子博前程。而現在，這兩個孩子的前程已經拴在一起了，不成功，便成仁！

四個女人一齣好戲

以上提到的薄皇后、栗姬、王夫人和館陶公主這四個女人，都是漢武帝登上皇位的催化劑，當然她們的心思和力氣並不是往一個方向使的，也正因為如此，才能夠運多方之力相互拉扯，將原本看似穩固的局面搞到分崩離析。

你不信？跳出那個局面以「旁觀者」的角度看看，是不是這麼回事兒？

假設薄皇后有子，那這個兒子順理成章地就該成為太子。即便日後有人想要打主意推翻太子，那也可能會因為成功的可能性太過渺小而放棄。而劉榮、劉徹等皇子，也就安安心心地守著封地當個王，彼此相安無事便是。

即便薄皇后無子是真，而栗姬的兒子也順利成為太子，只要栗姬明事理，知進退，看得清格局，她兒子的位子應該能夠坐得穩。可惜，她沒有好好學習「宮鬥章程」，更不屑去研究所謂的人心人性，不但把自己推上了「邊緣化」的地位，更是將自己的寶貝兒子置於風口浪尖。

至於王夫人就不過多評價了，察言觀色、見縫插針，並且喜怒不形於色，這本來就是宮鬥至關重要的素質，這位美人姊姊不但遺傳好、天賦高，而且很懂得觸類旁通。在她身上，似乎沒有什麼假設，也許她從進宮的第一天，就是奔著最終目標去的。儘管那個時候的理想很豐滿，現實很骨感，但她依然熬敗了那些沉不住氣的女人。

再將視線回到館陶公主身上。實際上，這一位也無所謂假設，她的目標也很明確，就是想讓自己的女兒成為未來的皇后。憑藉著她在宮中的地位，還有她運籌帷幄的能力，實際上連她自己也沒料到，傻乎乎的栗姬竟然想都沒想就拒絕了她搭親家的要求。你知道，這女人的心真是比針尖還要小，先是館陶公主變相得罪了栗姬，然後栗姬又直接得罪了館陶公主，這事情還了得？不鬥個你死我活，真是枉費宮裡大把的閒暇時光了。

講到最後，漢武帝之所以成為漢武帝，還有一個女人的力量至關重要，那就是他的皇祖母，竇太后。

這位老太太非常有意思，她有兩個最大的特點：第一個是走運；第二個是愛多管閒事。也許就是因為她年輕的時候太走運了，沒有經過多少宮廷鬥爭就坐穩了位子，所以到了晚年，精力特別旺盛，非常喜歡管兒孫的閒事。

竇太后非常鍾愛自己的小兒子梁王，雖然母愛無可厚非，但她愛得也實在有些過分，心心念念，希望自己的大兒子，也就是漢景帝，能夠立梁王為儲君。在這件事情上，老太太非常固執，想了很多的辦法，完全不理會承歡膝下的幾個可愛的孫子的感受，一而再、再而三地要求漢景帝表態，死後讓梁王繼位。

漢景帝也不是傻子，雖然他和梁王是兄弟情深，也不太敢忤逆母親，但他也有好幾個親生兒子，皇位就一個，自己兒子都還分不過來，哪有分給兄弟的道理。因此，漢景帝一邊哄住老母親，一邊要求廷議，力圖用眾臣之口封住竇太后的嘴巴。就這樣竇太后為梁王爭取皇位的最後一次努力以失敗告終，漢景帝不顯山不露水地達成了目的，然後立了皇十子為太子。

每個人都是一顆棋子

一齣儲君之爭的宮鬥大劇就此落下了帷幕。五個女人，各自站在不同的位置，擺了一盤棋局，拉扯爭鬥，最後把劉徹這麼一個七歲的孩子擠到了最高位。這是一盤非常有意思的棋局，不妨一起來看看。

第一，薄皇后的位子。她站在皇帝身邊，把著皇后的大位，雖然沒有子嗣，但她一日不被廢，這個位子就一日不騰出來，即便劉榮被立為太子，其母親栗姬也沒辦法當上皇后。雖然薄皇后什麼也沒做，但她為其他人拖延了時間，確切地說，她為王夫人爭取到了兩年的時間。

第二，王夫人。雖然太子位已定，但她敏銳地看到了很多可能性，在兒子劉徹被封為膠東王後的兩年，她一直在後宮中運作，拉攏館陶公主，拉攏朝臣，離間栗姬，並且想辦法栽贓嫁禍，讓皇帝對栗姬起疑。

當然做這一切的時候，相信王夫人也在心中默默感激過薄皇后，正因為這個悲劇皇后暫時還在后位，她才能夠將這一切進行得如此順利。

第三，館陶公主。這位公主上躥下跳，覺得自己是最精明的女人，但被王夫人狠狠利用了都不知道。不過幸好這種利用是雙贏的，她當然也樂得用「姊弟情深」去皇帝面前詆毀栗姬。實際上，她充當了王夫人的「代言人」。

第四，就是栗姬。前面說過，這個女人智商和情商似乎都有些欠缺，當初博得皇帝歡心的僅僅是美貌。不過在後宮之中，美貌是最靠不住的東西之一，她連生了個長子都不知道為自己鋪後路，得罪了其他女人不說，還在漢景帝對她托孤，屬意要立她為皇后的時刻後知後覺，完全猜不到聖意，最終為自己和兒子挖了一個大大的坑。不過，她的存在，卻也轉移了竇太后的注意力，因為竇太后太想立梁王為太子，因此眼睛時刻盯著栗姬和劉榮。

第五，竇太后。老太太那時年事已高，又固執又狹隘，整天就惦記著自己的小兒子，根本不理後宮早已鬥得烽煙四起，不過她最大的貢獻就是給了漢景帝壓力。與其讓老母親時時為小兒子惦念著這個儲君之位，不如早點將其確定，因此漢景帝第一次立了劉榮，第二次立了劉徹，反正，與弟弟梁王沒多大關係就是了。

怎麼樣，你不得不承認，這宮鬥的確兇險無比，一步行差踏錯，可能都會命運大變甚至性命不保。

宮鬥法則

在劉徹坐上太子之位後，最大的贏家可謂其母親王娡。這位王夫人不但熟練地掌握了「宮鬥寶典」，而且早已心領神會，融會貫通，她的每一步看起來都走得漫不經心，但其實都飽含智慧和手段，比起呂雉運用權力把人搞得那麼慘兮兮來看，王夫人的手段可謂軟刀子，殺人於無形，真能稱得上是宮鬥達人了。

宮鬥第一招，狠得了心，放得下情！

王娡入宮前，可是個已婚女人，而且和前夫還生有一個女兒，並不是因為夫妻之間有什麼矛盾，僅因為王娡的母親一頓慫恿，以及對榮華富貴的描述，王娡就毅然決然地拋夫棄女來到了宮裡，心不可謂不狠，賭注也不可謂不大，這說明要成大事，必須有一點殺伐決斷的魄力。

宮鬥第二招，懂得拉攏自己人，捕獲聖心。

王娡既然已經入宮，而且看起來「升職」機會也不小，證明這王家的姑娘還是比較迷人的，於是她便把自己的妹妹也介紹來宮裡「上班」，為的就是姊妹兩個一起努力，拴住皇帝。這種「任人唯親」的事情在情場比比皆是。聖心難測，不多找幾個人來測，怎麼能猜得透呢？

事實證明，她還是比較有頭腦有自信的，這點從子嗣數量上就能夠充分說明，姊妹倆共給漢景帝生了八個孩子，足見恩寵。

宮鬥第三招，要懂得包裝宣傳自己。

王娡在懷著漢武帝劉徹的時候，有一天，她告訴漢景帝，自己曾「夢日入懷」，意思就是夢見太陽落到了自己的肚子裡。夢是她自己做的，到底是什麼情景只有她自己知道，但王娡有心呀，她既敢想這麼個夢，也敢說給老公聽。

當時漢景帝並沒有表示什麼，只是哈哈笑笑，覺得王娡有福氣罷了。待到孩子出生，發現是個男孩，便無意識地與那個夢對上號了。中國自古就信這些所謂「天命」「天定」之類的說法，對於夢也有各式各樣的傳說，尤其是對於與皇帝有關的夢或天象，更是被描繪得神乎其神，人人都信這個。

果然，幾年之後，漢景帝欲廢掉太子劉榮的當口，他就想起這個「夢日入懷」的王夫人和她的兒子劉徹了。

可見，王娡的包裝宣傳效應還是比較持久的。宮裡那麼多女人，誰都不懂得包裝自己和孩子，只有她這麼神乎其神地埋下了個噱頭，最終達到了最大的「廣告效應」。

宮鬥第四招，要懂得察言觀色、審時度勢，並警覺身邊的風吹草動。

王娡是如何為兒子捕捉到機會的？除了能夠比其他人更清楚地看到後宮局勢之外，還在於她懂得捕捉一些微妙的東西。栗姬驕橫，心直口快，這她是知道的；栗姬為此得罪了很多人，她更是比誰都清楚。但知道放在心裡就行了，難不成還去提醒栗姬？好吧，妳栗姬既然要做出頭鳥，在後宮樹敵，那我就做老好人，誰都不得罪。她的為人首先給自己鋪平了部分道路。

當栗姬和館陶公主不對盤的時候，她立馬捕捉到機會了，有事沒事地親近館陶公主母女。其實在大部分後宮妃嬪眼裡，館陶公主和她的女兒都是難伺候的主兒，甚至恨得牙癢癢。雖然阿嬌還小，看不出什麼性格來，但有其母必有其女，應該都不是省油的燈，誰會願意和這樣的人做親家呢？

但王娡就很想得通。兒子與阿嬌結婚怎麼了？男人嘛，總是會有個三妻四妾的，要是兒子當上了皇帝，那全天下的女人都是他的，到時候還愁沒有心儀的？這個阿嬌娶回去放著，給個名分就行，難道在天下面前，還要計較點兒女私情嗎？

三十五 色衰而愛弛，愛弛而恩絕

——皇帝豔遇的代價

有一個大家耳熟能詳的故事是這麼說的，漢武帝最為寵愛的李夫人因為體質不好，生下孩子之後就病倒了，形容枯槁，皮膚鬆弛，頭髮也掉了不少。漢武帝著急啊，每每得空便跑過來看望心愛的女人，可這位李夫人偏就固執，直到死，也沒讓漢武帝看見她的病容。不過死之前，她留下了足以警示所有女性的千古名言：「夫以色事人者，色衰而愛弛，愛弛則恩絕。」

◉北方佳人入宮

說到這裡，你可能會覺得不解了，要說這漢武帝與李夫人，那也算是恩恩愛愛，伉儷情深，何至於一面都不讓見呢？這事兒要擱你身上，到了病入膏肓的時候，怎麼著也得和最愛的老公相擁而泣，交代一番後事再走吧。

然而，李夫人偏不，在她重病臥床的那段時間裡，每每漢武帝來探望，她就用被子把自己包裹得嚴嚴實實，連一根頭髮都不讓漢武帝看見。漢武帝乃一國之君，而且平時作風硬朗霸道，而今竟然被一個女人拒絕了，而且他還拿這個女人沒有辦法，這真夠讓漢武帝窩心的，幾次生氣得「拂袖而去」。

你覺得李夫人矯情過度了？不儘然。實際上，這位李夫人不但深謀遠慮，而且非常瞭解漢武帝。這事兒還得從頭說起。

在西漢的歷史上，漢武帝是一位了不起的皇帝，不但在位時間最長，而且對國家做出的貢獻也最為突出。當他執政到中年的時候，國力日漸強盛，他也有了一些閒心來提升精神素養。那時候，宮裡有一位知名的音樂人叫李延年，音律詞曲、編排舞蹈，簡直是無所不通。有一次，他帶著自己寫的新歌來唱給漢武帝聽。那個詞，寫得可真叫一個精彩：「北方有佳人，絕世而獨立；一顧傾人城，再顧傾人國；寧不知傾城與傾國，佳人難再得。」漢武帝一聽，簡直就是眉飛色舞，世間真有如此美麗的女子？那還不趕快納入宮中！

於是，李延年就勢將自己的妹妹，也就是前面所講的這位李夫人推薦給了漢武帝。漢武帝一見到李氏，那顆不再年輕的心竟然怦怦直跳，眼睛一刻也不願從面前這個女子身上挪走，那一刻，什麼皇后，什麼兒子，什麼江山，統統都是浮雲，只有把眼前人攬入懷中才是最重要的。

龍顏大悅之際，漢武帝立刻封李氏為夫人。在這裡得先介紹一下這所謂的「夫人」名號。這個「夫人」是有品級的，西漢建立之初，後宮佳麗沿襲秦朝的稱號，後慢慢規範為八個等級，由高到低依次是皇后、夫人、美人、良人、八子、七子、長使和少使。當然，這些等級也代表著不同的爵位，是領朝廷俸祿的。不過這些都是表面上規定的東西，要是頗得皇帝的歡心，那大筆的「灰色收入」肯定也會源源不斷地流入腰包，這還不止，父親、哥哥、弟弟等家人，都會因為得寵而跟著「雞犬升天」。

話題再回到李夫人這裡，根據漢朝後宮的品級來看，夫人僅僅排在皇后之下，也算是萬萬人之上的「大咖」了，可見漢武帝對她是有多麼地一見鍾情。當然，李夫人能夠迅速擄獲漢武帝的心，除了她的美麗之外，也是有其他原因的。

在此之前，李氏因為家境貧寒，曾淪落風塵。至於她到底是賣藝不賣身，還是身心皆賣，我們無法定論。但可以肯定的是，這段青樓歲月不但讓李氏練就了吸引男人的好手段，而且還頗懂得察言觀色，什麼時候該拋個媚眼，什麼時候該輕蹙眉頭，這些都有章有法，更不要說那些走路搖曳生姿、顧盼生輝等小伎倆了，漢武帝這回可真算是「栽在女人手裡了」。

佳人之親戚，加官晉爵

李氏一入宮，便得封夫人，第二年，又順順當當地誕下一個小皇子，這真是讓漢武帝喜出望外，趕緊封了這繈褓中的孩兒為昌邑王。可能正應了「紅顏薄命」這句話，李夫人生下孩子後不久，就得了重病，不久便撒手人寰。

這過程中還有一個細節非常值得注意，李夫人在病中拒絕讓漢武帝見到自己的病容，可她的家人卻沒那麼大膽量，生怕得罪了皇帝，紛紛跑到李夫人床前勸說她，李夫人生氣地痛斥了這些目光短淺的家人，她說道：「你們看我現在這個病病歪歪的樣子，還有什麼美貌可言嗎？要是讓皇帝看見了我這個模樣，那之前苦心經營的美好形象不就全毀了？他要是懶得再多看我一眼，你們覺得，他還會照拂你們嗎？到時候，什麼地位，什麼榮華富貴，都是浮雲啦！」

人家李夫人，真可謂參透了男人，她近乎執拗地用被子蒙著臉，始終不願面見漢武帝的行為，在她死後，果然為家人換來了無限榮寵。放不下她的漢武帝只能把哀思寄託在她的家人身上，上下嘴皮一碰撞，李夫人的大哥李延年就成了協律都尉，二哥李廣利則被封了將軍。這樣還不夠，漢武帝操心起了他們的後代。「我在位的時候可以罩著他們，如果我死之後，我的兒子會不會撤了他們的官？他們要是流落街頭，讓我怎麼去見心愛的李夫人啊？」於是，漢武帝一咬牙，給二位親家哥哥一個永遠不過時的賞賜——爵位。這樣，李家祖祖輩輩就能依賴著皇糧過日子了。

到這裡你可能要問了，協律都尉是個什麼官兒？都尉是戰國時期就有的武官名，將軍以下依次有國尉、都尉。而協律都尉，說白了，就是掌管樂府的人。漢武帝喜音律，重管弦，並專門立樂府，把音樂舞蹈這樣的娛樂專案搞成了正規的國家機構，當然也要封官來掌管。原本李延年只是一個普通的作曲者，現在提成了協律都尉，領兩千石俸祿，真是厚待。李延年在音樂方面也確實有造詣，是否具備管理才能姑且不說，好歹專業不假。

可對於李廣利的封賞，就有些讓人大跌眼鏡了。李廣利這人，一沒有讀過什麼兵書，二沒有扛槍上過戰場，一來就給個將軍當，真是十足的「空降兵」。漢武帝雖然是天下之主，但也不能逾越規矩做事情，比如要給將軍加封爵位，就必須有軍功，他再怎麼專制，也不好給李廣利假造一個軍功出來，怎麼辦呢？只能讓李廣利上戰場，不管是衝鋒陷陣也好，縮在後面吆喝也罷，只要這層金鍍上了，回來就一切好辦。

小試牛刀卻吃大敗仗

那個時候，西漢和匈奴打打停停已經成了家常便飯。作為遊牧民族，匈奴人非常驍勇善戰，當然，未開化的野蠻氣息也是有的。秦始皇時期，也就是西元前二一五年，匈奴被逐出了黃河河套地區，此後一直在蒙古大漠和草原上生活。

匈奴和中原的拉鋸戰在秦統一中國之前就開始了，遊牧的生活習性使得匈奴的小商品生產十分匱乏，按照正常的貨幣流通規則，他們可以帶著牲口和各種皮草來到邊境貿易區與漢人交換所需的其他東西。有常規當然就有例外，充滿血性和征服欲的匈奴人，根本不喜歡循規蹈矩地逛集市、討價還價，他們更熱衷於「搶」，一支馬隊浩浩蕩蕩衝入某個山村，一頓燒殺搶掠，然後走人。等過上兩年，被搶的村鎮緩過勁來了，他們便又捲土重來，不勞而獲。

基於此，中央政府自然不樂意，百姓的損失大，整日惶恐度日，政府也很沒面子，所謂的「鐵桶江山」，在北邊就有如此大的一個口子，不解決怎麼行？但問題是匈奴人彪悍兇猛，也不是那麼好對付的，文雅的和親政策似乎作用不大，粗暴的戰爭又沒有必勝的把握。就這樣打打停停，匈奴始終獨立於中原之外，不臣服，也無法擴大疆域。直到漢武帝時期，狀況也沒有多大改變。

不過漢武帝倒是不擔心打仗打到習以為常的匈奴，他更關心的是漢朝和西域的關係，因為西域不但地域遼闊，而且是中原北上收復匈奴的關鍵因素，西域的態度很大程度上決定著中國能否實現真正的統一。

這個時候，張騫已經出使西域很多年了，基於他強大的外交才能，西域多國都很安分地臣服於漢朝，唯有一個國家例外，這個國家叫大宛。

說到大宛，你可能覺得陌生，但要是說起它的特產，相信你一定耳熟能詳，那就是有名的汗血寶馬。汗血寶馬出名，漢武帝愛馬，於是就發生了這麼個事情，漢武帝命人帶著一匹純金製成的金馬遠渡沙漠去到大宛，目的就是想交換幾匹汗血寶馬回來。

這本來也是件好事兒，可大宛的國王毋寡是一個典型的投機主義者，他覺得大宛與西漢距離遙遠，而且中間還隔著難以穿越的大沙漠，既然這樣，他偏安一隅當國王就好了，憑什麼要向西漢王朝稱臣呢？於是他做了一件挺不講義氣的事情，一面回絕了西漢金馬換真馬的要求，一面派人在半路截殺了漢武帝派去的使團。

漢武帝這種血性男兒，一國之君，怎能受得了如此羞辱！他一拍龍椅，站起來，就封了李廣利為將軍，率領著六千多騎兵以及數萬步兵西征大宛，這一年，是西元前一〇四年。

這個決定讓很多人心生質疑，難道漢武帝被這死去的李夫人迷了心竅，一心想要照顧李家人？否則怎麼會做出如此顯而易見的錯誤決定？西征大宛，可不是一件簡單的事情，一來，路途非常遙遠，往返再加上戰鬥時間，少說也要兩年，這是典型的勞民傷財；二來，這事兒完全就是以勞待逸，實乃兵家大忌。將士們不遠萬里奔波過去，人困馬乏，可人家大宛的軍隊就在原地休養生息等著迎接戰鬥，氣勢上就輸了一大截。

實際上，李廣利這次出征，比想像中還要困難。西域各國雖然已經向西漢稱臣，但還沒堅決到要支持西漢對付「自己人」的地步。李廣利的大軍每到一個地方，幾乎都吃了閉門羹，沒有得到半分補給。出於無奈，李廣利只好命令將士們一個國家接一個國家地打過去，結果等到達大宛的時候，雄赳赳氣昂昂的幾萬大軍已變成了幾千人的「丐幫」，衣衫襤褸，困頓不堪。

這種時候，已經非常不適合打仗了，但李廣利封侯心切，哪裡顧得上這麼多，下令馬上進攻，指望將大宛軍隊打個落花流水。結果可想而知，反倒是他自己被打得落花流水，倉皇而逃。

漢武帝本來指望著親家二哥給自己去爭點面子，誰想到卻大大丟了面子，他生氣得很，命令回逃的李廣利原地待命，不得進玉門關。

荒唐將軍烏龍戰

這一待命，就是幾年。漢武帝風流了一輩子，臨了還是沒能忘記李夫人。於是，他也默默地原諒李廣利，為其創造了又一次立軍功的機會——再度遠征大宛。這一次，漢武帝花了大手筆，撥給李廣利六萬精兵，而且還有十八萬大軍作為後備軍隨時聽候差遣，那些路上用的牛啊、馬啊，更是不計其數。

這一次，基於兵力、物力、財力和後備、後勤力量都準備得十分充足，李廣利一口氣打到了大宛。即便如此，這位皇親國戚還是在路途中就損耗了一半兵力，而且最後花了四十天，才把小小的大宛城攻了下來。

這一仗，讓漢武帝有了那句千古名言：「犯漢者，雖遠必誅！」事實證明，他這近乎理想主義的野心家實際上還是很現實的，說了，就一定要做到。而李廣利也終於如願以償，被封為海西侯，贏得了鐵飯碗。

不過只要稍稍粗算一下就會發現，前後兩次遠征大宛，李廣利損失的兵力近十萬，更不要說那些花錢的武器、牲口了。而這位將自己的榮華富貴建立在十萬將士鮮血上的海西侯也非善類，他恃寵而驕，私吞軍餉不說，還動輒打罵士兵或直接制裁，不把任何人放在眼裡。

故事講到這裡，都有些累了，然而李廣利的破壞力卻遠遠不止如此，要不把它都說完了，實在意難平。

幾年後，匈奴突然大舉來犯。漢武帝似乎完全忘記了李廣利的無能，又派他帶兵還擊匈奴。這任命一出，悲劇就開始了。

李廣利雖然不是什麼將才，但好歹也曾踏著十萬人的血肉經歷了一下沙場，這次即便不是駕輕就熟，也可以說有點經驗了。當他來到匈奴的正面戰場，殺得正歡呢，卻接到消息：後院出事兒了！

什麼事兒呢？就是西漢著名的巫蠱事件，這件事在這裡就不細說了，關鍵是這件事牽扯到了李廣利的妻兒，皇帝盛怒之下把其妻兒抓了起來。李廣利著急呀，現在即使跪求皇帝也無濟於事，況且自己還遠在邊疆，唯一的辦法便是用這場勝戰換得皇帝的歡心，才能使皇帝饒了自己的家人。

想來李廣利這個打算也沒有錯，錯就錯在他實在是個飯桶。激進的他根本沒動腦子，在郅居水附近，白白將七萬大軍送給匈奴當了見面禮。這前前後後算起來，李廣利究竟是葬送了多少士兵相信各位心中有數。李廣利一人的「幸福」，造成千千萬萬家庭的痛苦！

縱觀漢武帝的一生，「睿智」這個詞還是配得上的，無論殺伐決斷的魄力，還是不達目的誓不甘休的勇氣，都值得人敬佩。但在對待李夫人及其家人這件事情上，卻有些近乎「昏庸」了。一場與李夫人的「豔遇」，在此後多年竟然產生如此巨大的蝴蝶效應，白白葬送了十幾萬將士的性命，真可以稱得上代價慘重，這和當年寵幸衛子夫，愛屋及烏地重用了衛青相比，效果簡直是兩個極端。由此可見，再英明神武的皇帝，還是有腦袋失靈的時候。

三十六 衝破世俗女追男

——女性的幸福生活

橫空出世的新世紀女性以「上得了廳堂，下得了廚房；開得起好車，買得起好房；玩得溜海淘，打得過流氓」為榜樣。沒錯，現代女性的確需要有那麼一點「女漢子」精神，才能在這個新世界中活得華麗麗、閃亮亮。不過早在幾千年前的大漢朝，女性就已經英姿颯爽地擁有了半邊天的地位。

大小姐私奔記

常言道，「男追女，隔堵牆；女追男，隔層紗」，充分說明了當女性主動去追求愛情的時候，其成功率要比男性主動時高得多。原因之一在於女性一直被刻上了「矜持」的烙印，當矜持的女性都主動了，男人能不動心嗎？

話雖這麼說，要女性主動放下矜持去向男人表白，還是有些困難。誰讓咱臉皮薄呢，要是被人拒絕了怎麼辦？要是被別人知道了怎麼辦？諸多顧慮讓萬千女性錯過了原本應該屬於自己的愛情。不過這事兒在卓文君身上可沒有發生。

生於西元前一七五年的小美女卓文君是一個真正的「白富美」，她家是戰國時期邯鄲的冶鐵大戶，手藝和生意代代相傳，雖然後來被迫遷居臨邛，但在當地依然很有名氣。家裡有錢，卓文君本人又長得很漂亮，是為「眉如遠山，面若芙蓉」，嬌嬌貴貴養到十六歲，家人便為其安排了一門門當戶對的親事。

不過往往上帝給了你一樣，就不會給你另一樣。「富二代」美女卓文君嫁到夫家還不滿半年，老公就死了，她也未得個一男半女，只能收拾東西回家。美少女就這樣莫名其妙地成了寡婦，引得街坊鄰居是又感慨又好奇。

這段時間，臨邛縣令王吉家來了一位客人，是一位相貌堂堂，滿腹才華但又落魄的公子哥兒。二人交情甚好，王吉還很熱情地打算幫其張羅一門婚事。這位帥哥便是大名鼎鼎的司馬相如。不過這個時候的他名氣還不大，頂多是彈得一手好琴，同時寫得一手好詩詞罷了。但王吉很看好他，並且覺得，只有臨邛首富家那寡居的女兒才配得上這樣一位落魄才子。

王吉很熱心地幫朋友張羅，並且很懂得宣傳造勢。他所處的位置剛好非常合適，於是就出現了這樣的狀況，縣令大人力推一個才子，到哪裡都要提到此人，直至將其美名傳到卓文君的父親卓王孫的耳朵裡。

作為一方富戶，自然要和當地有名望的人搞好關係了。於是卓王孫便專門宴請縣令和司馬相如來家中做客，且請了當地有頭有臉的人作陪。

於是，一齣好戲就此上演了。席間，縣令王吉又在不遺餘力地推介司馬相如，而司馬相如也半推半就地抱著那把出名的「綠綺」琴彈奏了一曲《鳳求凰》。你可能要問了，環顧一圈，在卓王孫家的客廳裡，忙碌的都是佣人，喝得酒酣耳熱、高談闊論的都是客人，也沒見卓家小姐的身影啊，司馬相如這一齣亮相，是亮給誰看？

這時，只需回頭瞄瞄就會發現，客廳那掛著的帷帳後面，露出了點白色的紗裙，還有一個小腦袋不時地露出來朝人群中張望，不就是躲在那裡「偷窺」的卓文君小姐嗎？

其實，這個世界沒有絕對的偶然，司馬相如不是偶然來到卓家做客，王吉也不是偶然提起司馬相如的琴和琴技，司馬相如本人也不是偶然選擇這曲《鳳求凰》，為這一天，他們鋪墊了很久，最後的結果當然是，司馬相如深深地吸引了卓文君。

當然在這裡不是要探討偶然中的必然性之類的哲學問題，而是在這一天晚上，卓文君小姐收到了司馬相如的一封求愛信，瞬間墜入愛河無法自拔，連夜逃出家門，和司馬相如私奔了！

如此看來，美麗的卓文君小姐膽識過人，敢於主動去追求僅一面之緣的男子，而且絲毫不考慮「男人薄情是天性」之類的說法，義無反顧地就跟著人家私奔了，這可不僅僅證明了她是一個大膽的人，再將目光放遠一點，要不是因為自小沒有受到那麼多有關「男尊女卑」、「從一而終」、「夫君是天」之類的教育，她又怎可能有如此清醒的認識和果斷的決策呢？

公主很富有

卓文君小姐私奔，是衝著愛情去的，儘管後來她和司馬相如的婚姻出現了不小的波折，但這位深諳女權主義的女性還是憑著自己的智慧和涵養，挽回了丈夫的心，演繹了一段千古佳話。然而，要是覺得大漢朝女性的幸福生活只是可以私奔，那就想得太簡單了。

實際上，所謂女性的幸福，除了有地位之外，還在於女性可以表達自己，順著自己的心意去生活。這當然不是絕對的，其中的分水嶺在於漢武帝朝。漢武帝在董仲舒的建議下，「廢黜百家，獨尊儒術」，確立了治國的精神方略。在此之前，漢朝女性還沒有受到儒家禮教的禁錮以及教條的束縛，因此不管在婚姻還是愛情方面，都比較自由。男人雖然也會因為多情而多養幾個女人，但那時的女性甚至也可以豢養男人。

說起這個話題，就不得不提到那位館陶公主劉嫖。不過在八卦她的事件之前，還得先學點知識，這「館陶公主」是怎麼來的呢？

「館陶」是一個縣城，始建於西漢初年，位於華北平原南部，河北省南端。因為在它西北七里的地方有陶丘，趙國在那裡修建了驛館，因此這個地方就被稱為館陶。春秋時期，館陶屬於晉國的冠氏邑。

說到這裡你肯定會問，這與公主有什麼相干呢？還真是有很大相干。漢朝的女性不是生活得幸福嗎？不是有地位嗎？在這裡就有體現。女人是能夠封侯封爵，並且領有封地的，公主當然也不例外，這就出現了以封地為名的公主名號。在《唐會要・卷六》就有記述：「凡公主封有以國名者，郾國代國霍國是也。有以郡名者，平陽宣陽東陽是也。有以美名者，太平安樂長寧是也。」這個「館陶公主」，就是以郡為名的。實際上在歷史上，一共有四位封號為館陶的公主，她們在不同的時代都得到了館陶作為封邑。現在要說的這一位，是漢文帝的女兒劉嫖。

劉嫖你肯定不陌生，不管說起阿嬌還是漢武帝，都和她有關係。她在皇宮裡最風光的時候，呼風喚雨，雖然地位沒有皇后或者皇太后那麼高，但也沒有誰敢招惹她。可是隨著女兒的皇后地位被廢，她也失勢了，沒有了在皇宮中那種頤指氣使的威風，她也只能縮在家裡，盡可能地收斂鋒芒，多活些年歲。

給愛情一個名分

在劉嫖的家裡，有一個人叫董偃，他的地位非常特殊。幾年前，他跟著自己的母親到處推銷珠寶來到了劉嫖的家裡，彼時的劉嫖還很得勢，見到這個小男孩長得眉清目秀非常可愛，便花大錢買了董偃母親的珠寶，同時把這個男孩留在家裡認作了乾兒子。

隨著乾兒子一天天長大，劉嫖也一天天老去，她死了丈夫，而且也不能像從前那樣囂張，生活頗感寂寞。時間久了，她越看董偃就越覺得順眼，一來二去，居然把董偃騙上了床。

你先把眼鏡扶住，不要那麼激動。別問我他們的年齡差，也別問我劉嫖到了晚年是不是依舊風韻猶存，對男人有吸引力，當兩個人非常默契地認了這個關係的時候，其他的一切問題，統統都是浮雲。

且不說董偃在長公主家生活了這麼多年，見慣了名利、榮華富貴，也見慣了人與人之間的虛偽嘴臉，愛情什麼的在他眼中可能還沒發生就已經消失了。光看看長公主劉嫖對待他的方式吧，「凡是董偃所要的，只要一天內不超過一百斤金子、一百萬錢、一千匹帛，任憑他，不必報我」。

雖然翻遍史料，也沒有找到任何關於董偃對劉嫖感情的描述，但看董偃的行為就知道，他很接受這段「忘年戀」，並且懂得恰到好處地運用它。

董偃從不恃寵而驕，相反，他很會籠絡人心，因此結下不少好朋友。這其中就有一位叫袁叔的，是袁盎的侄子。袁叔和董偃的關係非常好，於是就提醒董偃說：「你現在雖然和長公主交好，有長公主罩著你，但再大也大不過皇上，要是皇上對你不滿，你的日子可就不好過了呀。」這一句，真是說到了董偃的痛處。他自知和劉嫖的關係很不妥，大家要都睜隻眼閉隻眼也就算了，真的追究起來，他沒什麼好果子吃。再者，劉嫖是漢武帝的姑母加丈母娘，他現在當了皇帝的「便宜老丈人」，這事兒皇帝要較起真來，董偃分分鐘身首異處。於是他驚恐地問袁叔討主意。

精明的袁叔給他指了一條明路。長公主在安陵旁邊不是有個私家園林嗎？你董偃就快點使出美男計，攛掇著公主主動將這個園子送給皇帝當別苑吧。你想啊，皇帝每年都來安陵祭祀，可是在附近卻沒有個像樣的落腳地。說不定皇帝早就看上這個園子了，只是礙於面子不好開口要，等到皇帝真的開口，長公主還能不給？不如現在就主動進獻，這樣還能掌握點主動權。

董偃一聽恍然大悟，便將這件事彙報給了劉嫖。劉嫖此時正對董偃喜歡得不得了，哪裡有工夫多想，直接就應承下來，並且第二天一大早就進宮對漢武帝說了這番事情。

得一個這麼好的園林，漢武帝自然滿心歡喜，對姑母的態度也好了很多。劉嫖見目的已達成，便回家去了，然後對外界稱患病不便出門。

漢武帝拿人的手短，何況內心對劉嫖和阿嬌都懷有一些虧欠，便主動到姑母府上看望姑母。這正中了劉嫖的下懷。待到皇帝侄兒在她這裡吃飽喝足，心情大好的時候，她便適當地將董偃推到了漢武帝面前，希望漢武帝能夠成全他們，給董偃一個名分。

看來愛情對女人來說，真是沒什麼年齡限制啊，甭管她幾歲，情到深處依然會衝昏頭腦。否則，劉嫖怎麼會冒這麼大風險，生生要給董偃求一個名分呢？

然而此刻對漢武帝來說，沒有任何退路。他仔細審視了一下跪在面前的董偃，發現這的確是個討喜的男孩，於是大手一揮，答應了姑母的要求。從這個時候起，董偃就成了公主府正式的「主人翁」。

禮制之外的女性生活

關於董偃後來的事情，在這裡就不多說了，需要說一下的是，館陶公主死後，不是與她的原配合葬，而是與小丈夫董偃合葬在了霸陵。這種事情在以後的朝代中，那是想都不敢想的。而這一樁老妻少夫的事情，在《漢書‧東方朔傳》中只有一句評價：「是後，公主貴人多逾禮制，自董偃始。」相信你也明白其中之意，就是說從此以後，後宮中的公主、皇太后之類的寡婦，養男寵都成了明目張膽的事情，這也是從館陶公主豢養董偃開始的。

之所以要把館陶公主和董偃的事情翻出來說一說，只是想說明，在大漢朝，對於男女關係，無論從制度還是禮教來說，管理都是很寬鬆的。其實在館陶公主之前，呂雉也有情人，因為各種原因，她無法將這個情人公諸於世，但仍然憑藉權勢，為情人謀了很多好處。

而且在漢朝還有一個奇怪現象，就是寡母少兒非常多，年幼的孩子莫名其妙坐上了皇帝的寶座，就像年輕的母親莫名其妙守寡了一樣。在宮規不是那麼嚴苛，偷情未必得死的大環境下，年輕男人出入皇太后寢宮的事情時有發生，大家也睜隻眼閉隻眼。

雖然說這種影響實在不好，但站在人性的角度上來說，年輕女人渴望愛情是很正常的，而漢朝的女人不但內心渴望，而且有條件、有膽量去實現這種渴望。

三十七 王太后再婚，長公主改嫁，這都是家常便飯
——漢朝女性的婚姻自主權

孟姜女哭長城的故事曾激勵了萬千女性，而一尊「望夫石」也成了女人們「從一而終」、「至死不渝」的榜樣，更不要說那無情的、古板的、冷冰冰的貞節牌坊了。細數起來，女人還真是有些悲哀，長期被當作傳宗接代的工具不說，連正常的選擇都被禁錮了。

夫死再婚是常事

漢朝女人不但可以作為家庭的決策者，還可以主動選擇自己喜歡的人並追求想要的愛情。一旦愛情褪色了，或者男人變心的時候，根本不必忍氣吞聲，給兩個巴掌作

懲罰，然後，踹了他，咱們另謀高就！

首先要帶你認識的這位傑出女性，名叫臧兒，她是西漢初開國異姓王臧荼的孫女。臧兒在十多歲的時候嫁給了槐里的王仲，且為其生了一子二女。原本一家人和和睦睦生活也挺好的，可惜王仲是個短命鬼，沒過幾年就死了。臧兒一個人拉扯著三個孩子著實不易，沒熬兩年，便改嫁給長陵的田氏。

臧兒骨子裡並沒有「出嫁從夫，夫死從子」的從一而終的保守觀念，田氏似乎也並不介意臧兒曾經結婚生子過。兩人就這麼湊合著一起過了，並且很快生下了兩個兒子。

臧兒的人生看起來還是有些波折的，好在寬容的西漢社會接納了她寡婦再嫁的行為，沒有人覺得這有什麼不正常，有意思的事情還在後頭。

臧兒和第一任丈夫王仲生下的孩子中，有一個女孩名叫王娡，這個名字是不是覺得很眼熟？沒錯，她就是漢武帝的母親王夫人。不過這個時候，她根本不知道自己大富大貴的命運，只是到了出閣的年齡，便聽從父母的安排嫁給了一位名叫金王孫的平民男子。

一年多後，王娡生下了一個女兒，然後她帶著女兒回娘家省親。這是再正常不過的探親行為，卻讓王娡的命運發生了翻天覆地的變化。

換個好男人

王娡抱著熟睡的女兒進了娘家門，發現家中有客人，原來是母親臧兒請來給自己的弟弟妹妹看相算命的先生。這位先生轉身一見到王娡，眼睛都亮了，連連點頭，然後神祕地告訴臧兒：「此女是大貴之人，將來要生下天子的。」

按照正常的思維邏輯，此算命先生真可謂「敢想敢說」啊，人家王娡都抱著個孩子回娘家省親了，這證明什麼？證明這個女人已經嫁人生小孩了，而且，她嫁的肯定不會是大富大貴的人家，否則一定車馬相送，僕役相擁，怎會是一副寒酸相呢？既然不是大富大貴的人家，與皇親國戚更是沾不上關係，所謂的「生下天子」一說又做何解釋呢？

所以，要是一般人遇上這樣一位相面先生，估計聽聽也就過了，該幹嘛幹嘛，頂多在夜深人靜失眠的時候，幻想一下錦衣玉食的生活，感慨一下命運的「不公」罷了。但是，臧兒和王娡這母女倆居然深深相信了相面先生的話。

這其中信得更深的是王娡的母親臧兒。為什麼呢？前面說過，這位大小姐實際上是一個「官二代」，在她爺爺輩，整個家族那是風光無限。她雖然沒有享過那種福，但骨子裡的富貴氣息是抹不去的，她對於自己的一生非常不滿意，雖然嫁了兩任老公，但都是平民百姓，大半輩子都為生活操勞，真是蹉跎了大好時光。可女兒不一樣啊，女兒貌美如花，還那麼年輕，難道要讓她走自己的老路？

外力的作用加上自己內心的期許，臧兒做出了一個重要的決定，她要毀了女兒這段平凡的婚姻，重新為她鋪一條康莊大道。於是，臧兒開始撒潑賣踹，每天上金王孫家裡鬧個不休，尋釁滋事地硬是把王娡給搶了回來，然後收拾打扮了一下，送進了太子宮。

這一局賭注下得很大，一著不慎就會滿盤皆輸。但與其說臧兒對女兒的美貌充滿自信，不如說她骨子裡就不是一個安分認命的人。事實證明，母女倆賭贏了。彼時的太子劉啟很是喜歡王娡，對她寵愛有加，既然入得這樣的豪門，看來生下「天子」的事情也不是沒有可能了。

公主的婚姻

這對母女的人生向我們充分印證了一個事實，在漢朝，女人是可以隨意選擇男人的，選得不好還能重新選。你可能會問了，平常百姓這樣子過可以，反正沒有那麼多人關注你，即便有人嚼舌根，過一段時間就會有新鮮事兒補上，不至於永遠活在流言蜚語之中。但在宮廷裡也能這樣嗎？那些古板的大臣難道不會一而再再而三地拿來說事兒嗎？

其實真不用替她們操心。如果是涉及立太子、廢太子的事情，大臣們可能會根據自己的立場說兩句，跟皇帝關係不錯的，也許會給出更多的意見或建議。但對於男女婚姻之事，女方是否門當戶對，是否曾經嫁人生育，他們似乎不大關心。

不信問問漢武帝的姊姊平陽公主，她第一次婚姻是嫁給了平陽侯曹壽，結果這哥們兒也是福薄命短，未到中年一命嗚呼。可憐守寡的平陽公主還帶著一個不是自己親生的兒子。但長公主才不著急呢，因為沒有哪條法律規定她死了老公不能改嫁，只要她喜歡，她願意，完全可以再找一個好男人。

這時，汝陽侯夏侯頗出現在了她的生活中。公主配侯爺，這事兒剛剛好。於是平陽公主便二嫁給了夏侯頗。

話說起來平陽公主也是有點背，因為這第二個老公也短命，而且死於畏罪自殺。她再度成了寡婦。

可是，平陽公主也沒覺得天塌下來了，男人死了，女人還得活著呀，而且要好好活著，找一個靠譜的男人。因此，她為自己選擇了第三任丈夫，這個人她很熟悉，那是當年從自己府上出去的小廝衛青。但人家衛青現在已經是一名馳騁沙場的大將軍了。

平陽公主和衛青幸福地走完了他們的後半生，這是用彼此多年的光陰修來的福分。不得不說，這樣的婚姻自主的確給漢朝女性帶來了高度的幸福感，她們不必拘於禮法而克制自己的欲望、壓制自己的選擇。相比較於其他朝代，漢朝的女子個性是非常鮮明的，她們敢愛敢恨、果敢堅毅、胸襟磊落。她們能夠從容不迫地面對生活、面對變故，原因就在於她們能夠坦誠地面對自己的內心，並且能夠對自己的事情做主。

燕雀不知鴻鵠之志

當然，追尋幸福是應該的，可也有些人眼拙，在太過寬容的婚姻自主權中丟失了本該屬於自己的幸福。說起來，也是淚啊！

西漢有一位叫朱買臣的人，不但是飽學之士，也是典型的大器晚成者。這裡不說他到底出過多少本書，教育過多少學子，咱來八卦一下他老婆。

朱買臣年輕的時候很窮，只能靠打柴賣點錢換生活費。村裡人常常能看到這樣的情形，朱買臣挑著一擔柴在前面走著，他的妻子也擔著柴火在後面跟著。朱買臣大聲吟誦詩歌，他的妻子在身後頭也不抬。

這在讀書人眼中很正常，漢朝的詩歌就是吟唱起來才過癮，但朱買臣沒讀過書的妻子又怎麼能理解這個呢？她只覺得他們兩口子過這種窮得抬不起頭的日子已經夠丟人了，為什麼老公每天砍柴回家還要邊走邊唱那麼大聲，吸引那麼多眼光來看他們的窮酸相？女人的虛榮心和自尊心都被深深觸痛了，她悲憤地想，自己當年真是眼拙，居然挑了這麼一個不知長進的男人。於是她向朱買臣提出了離婚。

朱買臣沒想到自己喜歡讀點書，愛吟誦點詩歌這個事情會如此觸怒妻子，便嬉皮笑臉地對妻子說道：「算命的說我五十歲就要發達了，妳看現在我都四十幾了，妳也跟了我這麼多年，不妨再堅持堅持，待到我飛黃騰達，一定好好報答妳。」

妻子正覺得他是個整天無所事事、異想天開的人呢，聽他這麼一說，更是氣不打一處來，諷刺道：「像你這樣的人啊，終究會餓死在路邊的溝壑裡，怎麼可能富貴呢？」說完，毅然決然地離開了朱買臣。

離開後的女人像是賭氣似的，迅速閃婚改嫁。朱買臣除了無奈，也毫無辦法。他繼續過著打柴吟唱的困苦生活，蓄勢待發。

一次，朱買臣挑著柴從一片墓地經過，恰好碰到前妻和她現在的丈夫在上墳。前妻見朱買臣又累又餓，心生不忍，便招呼他過去，將供奉過的飯菜都招待了他。

後面的故事就有點老套了，反正幾年之後，朱買臣真的發達了，高頭大馬地回鄉任職，而他的前妻兩口子恰好接了為其掃清道路的活兒。

風光無限的朱買臣在人群中看到了佝僂著腰不敢抬頭的前妻，心裡酸酸的，於是趕緊招呼他們兩口子到家裡，好茶好飯端上來，還為夫妻倆安排了好工作好住所。

做不成夫妻，畢竟有恩有義。現在各自成家了，幫一下故人也是可以的，沒有誰會說三道四。可是，朱買臣的前妻心性不同常人，她像當年毅然決然離開朱買臣一樣，現在，面對這樣的情形，她心裡非常不是滋味，果斷地上吊自殺了。

改嫁，再改嫁

俗話說，「男怕入錯行，女怕嫁錯郎」，可還真不知道這朱買臣的前妻到底有沒有嫁錯郎？如果錯，到底是嫁錯了第一位，還是嫁錯了第二位？但這些問題現在已經沒法追究了。只是，即便嫁錯了，也不至於去死呀。看看人家大才女蔡文姬，一而再再而三地改嫁，也照樣在命運的激流中闖蕩著，毫不示弱。

蔡文姬是標準的「官二代」，她父親是東漢大名鼎鼎的大儒蔡邕，蔡邕不但書法寫得好，精通文字，而且妙解音律，對天文地理也有很深入的研究。蔡文姬就是在這樣的環境薰陶下長大的。但不管女子再怎麼有才，還是得為人妻為人母。

於是她在十多歲的時候嫁給了河東的衛仲道，這是一門門當戶對的親事，因為衛家在河東是數一數二的大戶，而且衛仲道也是一個非常有情趣的美男子，夫妻二人可謂琴瑟和諧，幸福美滿。

可惜最好的時光總是最短暫的，婚後未滿一年，衛仲道便因病離世了，蔡文姬那時還沒能生育，於是便招來衛家人的閒話，說她剋夫，對她的態度也是每況愈下。才高氣傲的蔡文姬哪裡受得了這個，不顧父親的反對，毅然離開了婆家。

回到娘家後，天下很快發生了翻天覆地的變化。董卓把持朝政，刻意籠絡蔡邕，封其為高陽侯，但好景不長，董卓被呂布殺死之後，他的黨羽也受到牽連，蔡邕雖然沒與董卓沆瀣一氣，但依然被收付廷尉治罪，蔡家也自此跌落谷底。

「中土人脆弱，來兵皆胡羌。縱獵圍城邑，所向悉破亡。馬邊懸男頭，馬後載婦女。長驅入朔漠，回路險且阻。」這首詩生動地描寫了董卓死後東漢王朝的局面，實際上已經不存在什麼王朝了，軍閥混戰，天下一片混亂。在這種背景下，美麗的蔡文姬一個不小心被擄到了南匈奴，這一年，她二十三歲。

這是一個多麼美好的年齡啊，雖然沒有了少女的青澀，但平添了幾分少婦的風韻，再加上她自己要才有才，要貌有貌，依然魅力無窮。

左賢王生得虎背熊腰，一看就是很大男人主義，但他對蔡文姬倒是很疼愛。在匈奴的十二年，蔡文姬為左賢王生下兩個兒子，夫妻二人感情也頗為美滿。

這時候的中原是什麼情況呢？曹操基本肅清了北方群雄，挾天子以令諸侯，過得風風光光。他忽然想起了曾經教導過自己的恩師蔡邕。蔡老師沒有兒子，獨有一個很有才的女兒，可惜早已被擄到南匈奴去了。曹操為了證明自己是一個知恩圖報的人，便派出使者，用黃金玉器想要將蔡文姬贖回來。

這回，蔡文姬糾結了。當然，放在誰身上都要糾結一下。如果回去，畢竟在這裡生活了十二年，有疼自己的老公，有兩個可愛的兒子，而且冰雪聰明的她已經學會了當地的語言，習慣了當地的生活方式。不回去？夜夜夢裡都能見到家鄉的模樣，背井離鄉的苦楚又有幾個人能夠真正體會？而今機會擺在面前，她內心也非常想回到魂牽夢縈的故鄉。

幾番掙扎，蔡文姬最終跟隨使者踏上了回家的道路，這就意味著，她必須割捨與老公和兒子的情誼，因為此去經年，誰知道什麼時候能再相見，心裡想必也很清楚，就是不太可能了。蔡文姬著名的《胡笳十八拍》便是在這種情形下創作的。曾有詩《聽董大彈胡笳》這樣描述：「蔡女昔造胡笳聲，一彈一十有八拍，胡人落淚沾邊草，漢使斷腸對客歸。」即便沒有親耳聽到蔡文姬彈奏的《胡笳十八拍》，但看看這首詩，恐怕也能夠從中體會到那種萬般矛盾、糾結的痛苦之情吧。

蔡文姬回到家鄉陳留郡，在曹操的安排下，嫁給了屯田校尉董祀。董祀這時風華正茂，有才情、有理想，自視甚高。而蔡文姬呢，三十五歲，徐娘半老，心中總是掛念著遠在他鄉的兒子，時常精神恍惚，與董祀也較少交流。

這種關係真是尷尬，原本就沒有什麼感情基礎，現在被一個位高權重的人強硬地將二人綁在一起，日子過起來肯定不順心。這段婚姻僅僅維持了一年多，董祀就犯下了死罪。

雖然沒有多少感情，但二人畢竟是夫妻，況且現在董祀是蔡文姬唯一的依靠了，她一聽說丈夫犯事，顧不上梳頭穿鞋，大冬天光著個腳就跑到曹操府上去求情。

這時候的曹丞相正在大宴賓客，聽聞蔡文姬來訪，高興地為在座的人引見名人蔡邕的獨生女。誰知迎接的竟是披頭散髮、著急上火的蔡文姬。一番哭訴之後，曹操決定幫幫這位恩師的女兒，於是派人快馬加鞭追回了董祀的文狀，救了董祀一命。

這是蔡文姬第三任老公，也是最後一位了。在婚姻的道路上，蔡文姬一直走得坎坷，才子配佳人的神話雖然出現過，但未免短暫。所幸最後董祀終於懂得珍惜，夫妻二人過上了幸福的生活。一嫁再嫁不是蔡文姬本意，多少摻雜著無奈之情，然而從匈奴左賢王的選擇，到曹操的指婚，都可以看出，女子再婚在男人的眼中的確不算什麼，他們沒有那麼固執地希望女人從一而終。

長知識——大宋的「石榴裙」

漢代貴族婦女在婚姻關係和家庭生活中佔據較高地位，當時寡婦再嫁是自然而合理的事。史書記載的社會上層婦女比較著名的實例，就有薄姬初嫁魏豹，再嫁劉邦；平陽公主初嫁曹壽，再嫁衛青；敬武公主初嫁張臨，再嫁薛宣；王媼初嫁王更得，再嫁王乃始；臧兒初嫁王仲，再嫁長陵田氏；漢桓帝鄧后母初嫁鄧香，再嫁梁紀等。

漢代是個男女關係比較開放的社會。漢朝在離婚方面實行「七去三不去」，但是允許妻子在被休時帶走其陪嫁的財物。「七去」是：「不順父母，去；無子，去；淫，去；妒，去；有惡疾，去；多言，去；竊盜，去。」「三不去」是：「有所取，無所歸，不去；與更三年喪，不去；前貧賤，後富貴，不去。」

Fantastic 027

活在大漢

原著書名 / 活在大汉
原出版社 / 北京日知圖書有限公司
作者 / 祈莫昕

企劃選書 / 劉枚瑛
責任編輯 / 劉枚瑛
版權 / 黃淑敏、吳亭儀、劉鎔慈、江欣瑜
行銷業務 / 黃崇華、周佑潔、張媖茜

總編輯 / 何宜珍
總經理 / 彭之琬
事業群總經理 / 黃淑貞
發行人 / 何飛鵬
法律顧問 / 元禾法律事務所 王子文律師
出版 / 商周出版
台北市104中山區民生東路二段141號9樓
電話：(02) 2500-7008　傳真：(02) 2500-7759
E-mail：bwp.service@cite.com.tw
Blog：http://bwp25007008.pixnet.net./blog
發行 / 英屬蓋曼群島商家庭傳媒股份有限公司城邦分公司
台北市104中山區民生東路二段141號2樓
書虫客服專線：(02) 2500-7718、(02) 2500-7719
服務時間：週一至週五上午09:30-12:00；下午13:30-17:00
24小時傳真專線：(02) 2500-1990；(02) 2500-1991
劃撥帳號：19863813　戶名：書虫股份有限公司
讀者服務信箱：service@readingclub.com.tw
城邦讀書花園：www.cite.com.tw
香港發行所 / 城邦（香港）出版集團有限公司
香港灣仔駱克道193號超商業中心1樓
電話：(852) 25086231傳真：(852) 25789337
E-mailL：hkcite@biznetvigator.com
馬新發行所 / 城邦（馬新）出版集團【Cité (M) Sdn. Bhd】
41, Jalan Radin Anum, Bandar Baru Sri Petaling,
57000 Kuala Lumpur, Malaysia.
電話：(603) 90578822　傳真：(603) 90576622
E-mail：cite@cite.com.my
美術設計 / COPY
印刷 / 卡樂彩色製版有限公司
經銷商 / 聯合發行股份有限公司　電話：(02) 2917-8022　傳真：(02) 2911-0053

2021年（民110）9月7日初版
定價360元　Printed in Taiwan
ISBN 978-626-7012-37-6　　城邦讀書花園 www.cite.com.tw

國家圖書館出版品預行編目（CIP）資料

活在大漢/祈莫昕著. -- 初版. -- 臺北市 : 商周出版 :
英屬蓋曼群島商家庭傳媒股份有限公司城邦分公司發行,
民110.09　320面 ; 14.8×21公分. --（Fantastic ; 27）ISBN 978-626-7012-37-6（平裝）
1. 社會生活　2. 生活史　3. 漢代　632　110011456